# Tagebuch eines Pharaos

# JOANN FLETCHER

# Tagebuch
## *eines*
# PHARAOS

*Amenophis III.*

Weltbild

# INHALT

Titel der Originalausgabe
*Egypt's Sun King. Amenophis III.*
Zuerst veröffentlicht 2000
von Duncan Baird Publishers Ltd., London

Copyright © 2000 by Duncan Baird Publishers
Ltd., London
Copyright © für den Text 2000 by Joann Fletcher
Copyright © für Karten, Grafiken, Layout 2000 by
Duncan Baird Publishers Ltd., London

Copyright © der deutschsprachigen Ausgabe 2000
by Droemersche Verlagsanstalt Th. Knaur Nachf.,
München
Genehmigte Lizenzausgabe für Verlagsgruppe
Weltbild, Augsburg
Übersetzung aus dem Englischen: Bernhard
Kleinschmidt, Henning Thies
Umschlaggestaltung: Studio Höpfner-Thoma,
München
Umschlagmotiv: AKG, Berlin
Frontispiz: Die Kolossalstatuen Amenophis' III.,
bekannt als Memnonskolosse, Theben-West

Printed in China

ISBN 3-8289-0778-4

# VORWORT

Im Museum von Luxor steht eine Königsstatue aus rotem Quarzgestein (siehe Abbildung links), deren gelassene Schönheit unter den Tausenden von Skulpturen, die aus dem alten Ägypten erhalten sind, einzigartig ist. Pharao Amenophis III. nimmt die Pose eines Gottkönigs ein und trägt eine Krone, die seine Herrschaft über das Niltal und das Delta symbolisiert und ihn zugleich mit dem Schöpfergott Amun-Re identifiziert. Die ikonografischen Ansprüche dieser großartigen Statue passen vollkommen zur Überlegenheit Amenophis' als Herrscher, der als Verkörperung des Sonnengottes in opulenter irdischer Gestalt einer Kultur vorstand, die vor fast 3500 Jahren ihren Zenit erreicht hatte.

Dr. Joann Fletcher hat sich neben ihren zahlreichen anderen Verpflichtungen als Ägyptologin und Archäologin lange und intensiv mit Amenophis III. beschäftigt. Sie berücksichtigt im vorliegenden Buch auch die neueren Forschungen zu allen Aspekten von Amenophis' Herrschaft. Kann man ihr nun zustimmen, wenn sie sich zur engagierten Anwältin dieses Pharaos macht? Man muss sich nur einmal kurz die Hinterlassenschaft von Amenophis III. vergegenwärtigen, um zu sehen, dass ihre Begeisterung voll und ganz gerechtfertigt ist. Keine andere Regierungszeit eines Pharaos hat so herausragende Skulpturen hervorgebracht. Und dann ist da noch die Korrespondenz zwischen Amenophis III. und den anderen Herrschern der alten Welt, die wie durch ein Wunder im Archiv von Amarna erhalten geblieben ist. Und über welch reiche Informationsquelle in Bezug auf den Pharao selbst verfügen wir in den »Bulletins«, die auf seinen Gedenkskarabäen eingraviert sind: über seine Hochzeit mit Teje, über den großen See, den er für sie ausheben ließ, über seine diplomatische Hochzeit mit einer auswärtigen Prinzessin, über seinen Stolz und seine Tapferkeit bei der Löwen- und Stierjagd.

Schmerzlich ist der Gedanke, dass seine Monumente durch Natureinwirkung, menschliche Feindschaft und Gleichgültigkeit gegenüber der Vergangenheit sehr stark in Mitleidenschaft gezogen wurden. Aus seinem Totentempel in Theben-West sind lediglich zwei Kolossalstatuen aus Quarzgestein erhalten. Gleichwohl steht jede erhaltene Hieroglyphe, steht jedes Relief, das in seiner Regierungszeit entstand, für das Selbstbewusstsein des seinerzeit mächtigsten Herrschers.

Es ist mir ein großes Vergnügen, dieses Buch jedem zu empfehlen, der sich über Amenophis III. informieren möchte. Joann Fletchers kompetente Darstellung lässt jene fast hedonistischen Jahre des Wohlstands zu neuem Leben erstehen, als Ägypten unter der Herrschaft des Sonnenkönigs, ja der »leuchtenden Sonnenscheibe« selbst stand.

George Hart, British Museum, London

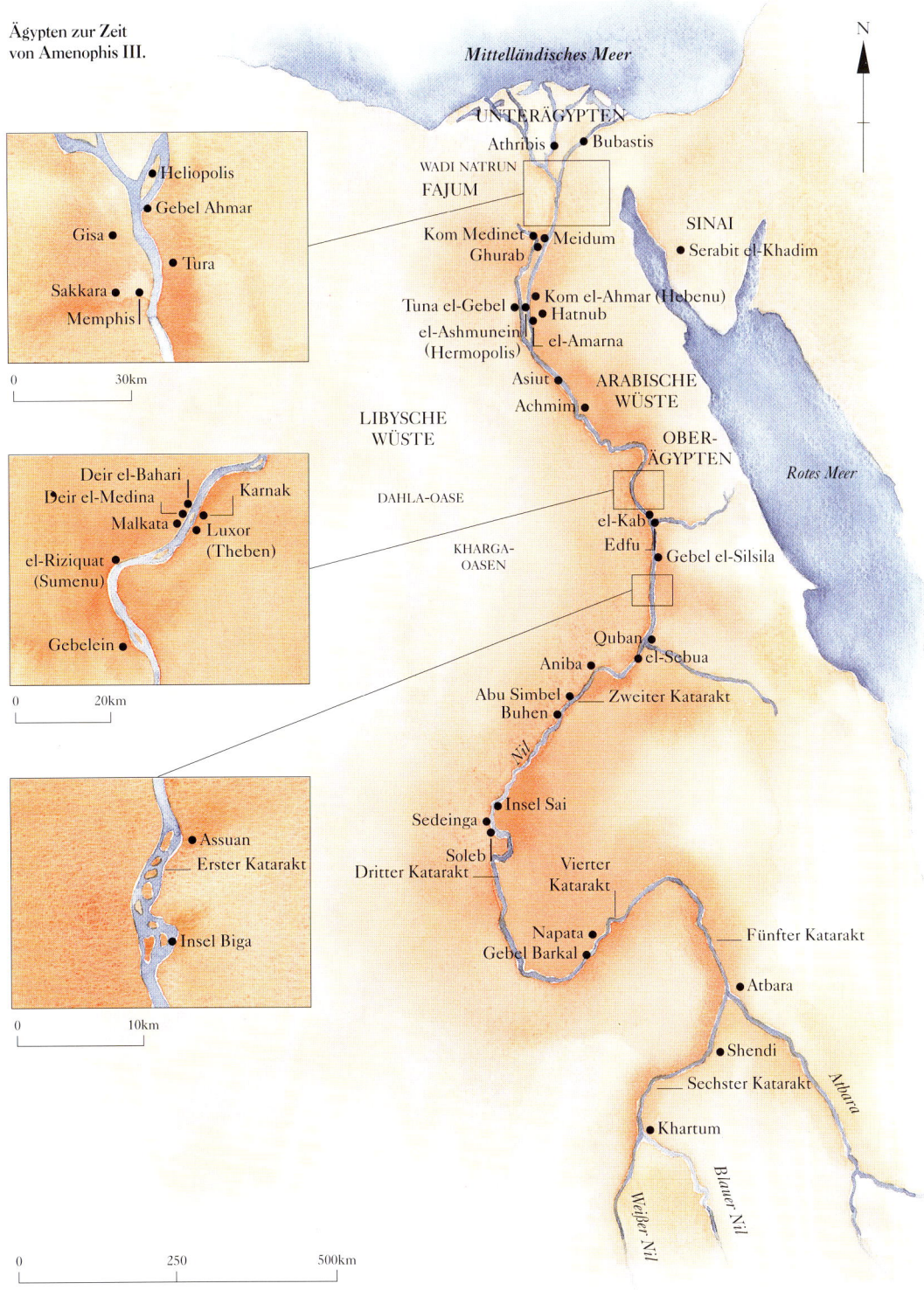

Ägypten zur Zeit
von Amenophis III.

**Mittelländisches Meer**

N

UNTERÄGYPTEN

Athribis • • Bubastis

WADI NATRUN

FAJUM

SINAI

Heliopolis

Gebel Ahmar

Gisa •

Tura •

Sakkara •

Memphis

Kom Medinet • • Meidum
Ghurab

Serabit el-Khadim •

Kom el-Ahmar (Hebenu) •

Tuna el-Gebel • • Hatnub

el-Ashmunein • • el-Amarna
(Hermopolis)

Asiut •

Achmim •

ARABISCHE
WÜSTE

LIBYSCHE
WÜSTE

OBER-
ÄGYPTEN

Rotes Meer

0      30km

DAHLA-OASE

el-Kab •

Deir el-Bahari

Deir el-Medina

Karnak

Malkata •

Luxor
(Theben)

el-Riziquat •
(Sumenu)

KHARGA-
OASEN

Edfu •

Gebel el-Silsila •

Gebelein •

Quban •

Aniba •    • el-Sebua

0      20km

Abu Simbel • Zweiter Katarakt
Buhen •

Nil

Insel Sai •

Sedeinga •

• Assuan
Erster Katarakt

Soleb •

Dritter Katarakt

Vierter
Katarakt

• Insel Biga

Napata •

Fünfter Katarakt

Gebel Barkal •

0      10km

Atbara •

Shendi •

Sechster Katarakt

Atbara

0      250      500km

Khartum •

Weißer Nil

Blauer Nil

Erstes Kapitel

# DER DIE KRAFT LIEBT

---

UM 1403–1392 V. CHR.

Das wieder jung dargestellte Gesicht
Amenophis' III. An der Perücke befindet
sich die schützende Uräusschlange. Detail
aus seinem Totentempel in Theben-West.

# DIE GEBURT EINES GOTTES

## 24. JAHR VON AMENOPHIS II. (UM 1403 V. CHR.)

Vor etwas mehr als 3400 Jahren brachte in einem königlichen Palast am Ufer des Nils eine junge Frau ihren ersten Sohn zur Welt. Ihr Name war Mutemwia. Sie war eine der Frauen des jugendlichen Prinzen Thutmosis, und dieser wiederum war einer der Söhne des regierenden Pharaos Amenophis II. und seiner zweiten Frau Tiaa. Tiaa, eine hochrangige Priesterin des Reichsgottes Amun im Tempel von Karnak, liebte ihren Sohn Thutmosis über die Maßen. In den ersten Jahren seiner Herrschaft hatte Amenophis II. einen Aufstand in Palästina niedergeschlagen – eine Demonstration der Stärke, an der sich sein Sohn Thutmosis IV. zu Beginn der eigenen Regierungszeit orientierte.

Dieses zwei Meter lange Zepter der Macht in blauer Fayence trägt die Namen und Titel von Amenophis II. Es wurde in einer Kammer des Sethtempels von Nubt (Ombos) gefunden.

Mutemwias Sohn erhielt nach seinem berühmten Großvater, dem regierenden Pharao, den Namen Amenophis (ägyptisch Imen-hetep, »Amun ist zufrieden«) – sowie noch einen weiteren: *mer-chepesch*, »Der die Kraft liebt«. In der Tat war Amenophis II. ein starker und oft rücksichtsloser Herrscher, der die ägyptische Aggressionspolitik über die nordöstlichen Landesgrenzen hinweg aufrechterhielt. Nachdem die Vorgänger Amenophis' II. Ägypten mit Erfolg von der Fremdherrschaft durch die Hyksos (wörtlich »Herrscher der Fremdländer«) befreit hatten, hatten sie ihre eigene Herrschaft im Gebiet von Syrien und Palästina ausgebaut und Garnisonen in den Vasallenstaaten hinterlassen.

Als Amenophis II. den Thron bestiegen hatte, rebellierten einige syrische Staaten gegen ihren neuen Oberherrn. Doch der junge König reagierte sofort. Nach einem vernichtenden Feldzug richtete er sieben Anführer der Rebellen nach alter Väter Sitte hin: durch Einschlagen des Schädels. Ihre Leichen wurden kopfüber am Bug seines Schiffes aufgehängt. Nach seiner triumphalen Rückkehr nach Memphis, wo er von Königin Tiaa begrüßt wurde, fuhr der König noch weiter nach Süden, um seine Beute dem Reichsgott Amun in Karnak zu präsentieren. Dort wurden sechs der toten Rebellen an der Stadtmauer von

Theben aufgehängt, während der siebte noch weiter südlich an die Stadtmauer von Napata gehängt wurde, »damit die siegreiche Macht Seiner Majestät auf immer und ewig zu sehen sei«. Solch zügige Vergeltung verfehlte ihre Wirkung nicht, und so blieben die Vasallenstaaten während der restlichen Regierungszeit im Allgemeinen loyal. Sie versuchten, sich gegenseitig mit ihren nach Ägypten gesandten Geschenken zu übertreffen: »Wir kommen mit unserem Tribut zu deinem Palast, Sohn des Re, Amenophis, Herrscher der Herrscher.«

Amenophis war von kräftiger, athletischer Gestalt, und seine Reitkünste hatten ihm schon als Jüngling die Leitung der Stallungen seines Vaters eingebracht. Er ruderte und jagte gern, und seine Künste als Bogenschütze waren legendär.

Als die Geburt des Enkels von Amenophis II. näher rückte, wurde Mutemwia in die Obhut der königlichen Hebamme gebracht. Sie stand nun unter dem Schutz des zwergengestaltigen Gottes Bes, der alle Frauen bei der Geburt beschützte, und der Göttin Hathor. Geburten waren in der Antike nicht ungefährlich, und werdende Mütter brauchten nach allgemeiner Ansicht den magischen Schutz der Götter. In Ägypten wurde Hathor während der Wehen mit einem Zauberspruch angerufen und um eine Beschleunigung der Geburt gebeten. Sie möge doch erscheinen und »den süßen Nordwind bringen«. In einer älteren ägyptischen Geburtslegende war prophezeit worden, dass eine Frau namens Ruddedet Drillinge gebären würde, die zu Königen bestimmt seien (es handelte sich um die ersten drei Pharaonen der 5. Dynastie). So schickte der Sonnengott Re Hilfe in Gestalt der Göttinnen Isis, Nephthys, Heket und Meschenet. Als Tänzerinnen verkleidet und mit den Insignien der Hathor-Priesterinnen ausgestattet, besuchten diese Ruddedet, doch ihr Ehemann wollte sie mit den Worten abweisen: »Seht doch, die Frau hat schmerzhafte, schwierige Wehen.« Da erwiderten sie: »Lass uns zu ihr, denn wir kennen uns mit Geburten aus.«

Mutemwia war nach der Muttergottheit Mut benannt, der Lieblingsgottheit ihres Gatten Thutmosis. Eine schwarze Granitskulptur, die man im Bereich des Tempels von Karnak fand, enthält Mutemwias Namen in Form eines Bilderrätsels: Mut-em-wia heißt wörtlich: »Mut in ihrer Barke«. Diese Skulptur stammt aus der Regierungszeit ihres Sohnes, und die

Die Muttergottheit Mut – nach der die Mutter von Amenophis' III. benannt wurde – trägt als Kopfschmuck die Geierhaube und die Doppelkrone von Ober- und Unterägypten. Dieser Kopf stammt von einer monumentalen Kalksteinfigur aus dem Tempel von Karnak.

Inschriften spiegeln ihre spätere gehobene Position wider: »Die große königliche Gemahlin, die Gottesmutter Mutemwia, hochgerühmt, geneigt, liebevoll, die die Halle mit dem Duft ihres Taus füllt, Herrin von Ober- und Unterägypten, die Gottesmutter, die den König gebar, vom guten Gott gepriesen, und alles, was sie befiehlt, wird für sie getan. Möge sie ihren Sitz in ihrer Barke einnehmen, die für die Ewigkeit gebaut ist – für die Mutter des Königs, Mutemwia.«

## DIE GÖTTLICHE ZEUGUNG DES PRINZEN AMENOPHIS

Amenophis setzte während seiner Regierungszeit die Legende seiner göttlichen Zeugung in die Welt. In Szenen aus der Geburtshalle des Amuntempels in Luxor (siehe Seite 114–117) verherrlichen Inschriften Mutemwia als »von großer Gnade, Herrin der beiden Länder, Königsmutter«, und als Vater des Herrschers wird kein Geringerer als Amun-Re genannt. In einer Inschrift aus Theben-West preist Amun Amenophis als »Sohn meines Leibes, meinen geliebten Neb-maat-Ra, das lebendige Bild meiner selbst, die Schöpfung meines Leibes, mir geboren …«

In Luxor können wir dem großen König von der göttlichen Zeugung an durch sein ganzes Leben folgen, und noch darüber hinaus. Die Geschichte beginnt damit, dass Amun diplomatisch die Gestalt von Thutmosis annimmt, um Mutemwia zu besuchen, die in den inneren Räumen des Palastes schläft. »Vom Duft des Gottes wachte sie auf und schrie vor ihm auf. […] Er ging direkt auf sie zu, und sie jubelte beim Anblick seiner Schönheit. Liebe zu ihm durchfuhr all ihre Glieder. Der Palast wurde vom Duft des Gottes durchflutet.«

»Worte, die Mutemwia vor der Majestät des erhabenen Gottes Amun-Re sprach: ›Wie groß ist deine Stärke! Dein Tau geht mir durch alle Glieder.‹ Und dann tat die Majestät dieses Gottes alles, was er bei ihr begehrte. Worte, die Amun-Re sprach: ›Amenophis, Herrscher von Theben, sei der Name dieses Kindes, das ich in deinen Leib gelegt habe. […] Er soll die treffliche Königsherrschaft in diesem ganzen Land ausüben, er soll die beiden Län-

der wie Re für immer regieren.‹« Die Reliefs zeigen, wie sich die Finger des Paares kurz berühren – und genau in diesem Augenblick wird Amenophis, der Sohn des Amun, gezeugt.

Im weiteren Verlauf des Bilderzyklus wird die deutlich schwangere Mutemwia von Hathor, der Göttin der Liebe, an der Hand geführt. Der Schöpfergott Chnum formt das Kind und seinen *ka* (seine Lebenskraft) auf der Töpferscheibe, und so wird Amenophis in Gegenwart der Götter geboren.

Reliefdetail aus dem Geburtsraum im Tempel von Luxor mit der Darstellung des Augenblicks, in dem der künftige Amenophis III., der Erwählte des Amun, gezeugt wird.

# DAS VERSPRECHEN DES SPHINX

## 25. JAHR VON AMENOPHIS II. (UM 1402 V. CHR.)

Als sich die Regierungszeit Amenophis' II. ihrem Ende näherte, genoss das antike Ägypten die größte Wohlstandsepoche, die es je erlebt hatte. Eine Armee königlicher Beamter verwaltete effizient das Land und erhielt zur Belohnung herrlich dekorierte Gräber in der Nekropole von Theben. Der kleine zukünftige Amenophis III. wurde der Obhut treuer Ammen und Pfleger anvertraut, während sein Vater, Prinz Thutmosis, das Regierungsgeschäft erlernte und seinen Lieblingsbeschäftigungen nachging: der Jagd und den Wagenrennen in der Wüste. In der Wüste soll er auch seinen berühmten Traum von dem Sphinx gehabt haben, in dem ihm der Thron Ägyptens versprochen wurde.

Senay, die Frau von Sennefer, der unter Amenophis II. das Amt des Bürgermeisters von Theben bekleidete, war als königliche Amme auch für das Stillen zuständig. Eine Reliefszene im Tempel von Luxor zeigt den König als Kleinkind mit Seitenlocke und Ohrringen (siehe Seite 25). Eine fragmentarisch erhaltene, unbenannte weibliche Figur, wahrscheinlich eine Göttin, reicht ihm die Brust. Eine Inschrift aus Theben-West enthält einen Segensspruch, in dem Amun Amenophis als seinen geliebten Sohn bezeichnet, »mir geboren von Mut, Herrin von Ascheru in Theben, Herrin der Neun Bogen, die dich genährt hat, auf dass du der einzige Herr des Volkes werdest«.

Senay und Sennefer sind auf den Wänden des wundervollen Grabes dargestellt, das dem Bürgermeister von Amenophis II. geschenkt wurde. Die Decke dieser Grabkammer ist mit Weinreben bemalt, und rundum auf den Wänden wird Sennefers Gestalt gezeigt, in Gesellschaft seiner Familie und der Götter. Sennefers Granitstatue wurde in Karnak aufgestellt; sie ist eines der ganz wenigen Werke, die von ihren Schöpfern signiert wurden, von den Bildhauern Amenmes und Djedchonsu. Die Statue vermittelt uns einen Eindruck von zwei hohen Mitgliedern der damaligen Beamtenschaft des Pharaos: Der Bürger-

Fragmentarische Stele aus dem Grab des Merire in Sakkara, der als »Aufseher der Ammen« fungierte.

meister ist als wohlhabender Mann dargestellt, mit dem goldenen Schebiu-Halsband als Ehrenzeichen. Die Speckrollen um Sennefers Torso verweisen auf seinen elitären Lebensstil und seine überwiegend sitzende Tätigkeit. Seine Frau steht ihm zur Seite und trägt ein formelles Kleid und eine riesige dreiteilige Perücke.

Königliche Ammen spielten eine wichtige und prestigeträchtige Rolle am Hof. Von den Pharaos, denen sie dienten, wurden sie oft hoch geehrt. Amenophis II., der Großvater des zukünftigen Amenophis III., war von der Hofdame Amenemopet gestillt worden, deren eigener Sohn Kenamun gemeinsam mit dem jungen Prinzen aufwuchs und zeitlebens dessen Freund blieb. Eine spätere Szene im Königsgrab in Amarna zeigt eine Amme, der von einer Fächer tragenden Dienerin Schatten gespendet wird und die einen königlichen Säugling in ihren Armen hält. Dieses Kind könnte der kleine Tutanchaton sein, der spätere Tutanchamun. Das Grab von Tutanchatons Amme Maja wurde kürzlich in Sakkara entdeckt.

Den Titel »Amme« trugen nicht nur Frauen. Auch Männer konnten so bezeichnet werden – bezogen auf ihre Rolle als Beschützer und Erzieher. Heqa-er-neheh war »Amme des Königssohnes Amenophis III.«, und mindestens fünf königliche Prinzen tauchen in seinen Grabszenen auf. Heqa-er-nehehs Vater Heqa-reschu, der den Titel »Aufseher der königlichen Ammen« führte und zu den Ammen des Prinzen Thutmosis gehörte, ist in Szenen in seinem eigenen Grab dargestellt, wie er vier kleine Prinzen auf seinem Schoß wiegt.

Ein weiterer »Aufseher der Ammen«, Merire, verwaltete in seiner zusätzlichen Rolle als »Oberverwalter seiner Majestät, solange sie ein Kind ist« auch das Vermögen des kleinen Amenophis. Nachdem er später zum Kanzler aufgestiegen war, erhielt er nach seinem Tod ein stattliches Begräbnis in Sakkara. Stelenreliefs in seinem Grab zeigen, wie er Prinz Saatum, möglicherweise einen Bruder von Amenophis, auf seinem Schoß hält, während seine Frau Baketamen neben ihm sitzt.

Während sein Sohn Amenophis heranwuchs, widmete sich Prinz Thutmosis den traditionellen Beschäftigungen eines Königssohnes: Bogenschießen, Jagd und Wagenrennen. Viel Zeit verbrachte er damit, mit einem Streitwagen um die Hauptstadt Memphis herumzurasen. Er fuhr auch oft in die Wüste hinaus, zu den Pyramiden von Gisa und zum mit Sand bedeckten Großen Sphinx. Hier hatte Thutmosis' Vater Amenophis II. in seinen ersten Regierungsjahren einen Tempel bauen lassen, der dem Sphinx als Harmachis (»Horus des Horizonts«), einer Erscheinungsform des Sonnengottes, gewidmet war, und eine Stele zu Ehren der Pharaonen des Alten Reiches, Cheops und Chefren, errichtet. Unter Amenophis II. wurde möglicherweise auch die erste Darstellung der als Gott verehrten Sonnenscheibe Aton geschaffen.

Amenophis II. errichtete auch sich selbst eine große Statue zwischen den Pfoten des Sphinx. Dort machte Prinz Thutmosis während eines seiner Jagd- ausflüge in die Wüste einmal Rast. Als er im Schatten des massiven Kopfes des Sphinx vor der Mittagssonne Schutz suchte, schlief er ein und hatte einen Traum, in dem der Sphinx zu ihm »wie ein Vater zu seinem Sohn« sprach. In diesem Traum (siehe Seite 19–20) bat der Sphinx den Prinzen, den Sand wegzuräumen, der sich um ihn herum angesammelt hatte. Er solle seine Gestalt in früherer Schönheit wiedererstehen lassen. Zur Belohnung versprach ihm der Sphinx, er werde eines Tages Pharao werden.

Prinz Thutmosis kam seinem Wunsch nach, ließ den Sand beseitigen und machte sich auch an die Restauration der Pfoten und der Brustpartie des Sphinx. Bei Ausgrabungen kamen die Lehmziegelmauerverkleidungen zu Tage, die der Prinz hatte bauen lassen, um das große Monument vor weiterem Sandbefall zu schützen. Unter welchen Umständen er dann auf den Thron kam, wissen wir nicht genau, aber anscheinend hielt der Sphinx sein Versprechen: Thutmosis wurde Pharao, obwohl er noch mindestens einen älteren Bruder hatte.

Auch wenn die Episode vom Sphinx-Traum des Thutmosis zunächst kaum mehr als eine romantische Geschichte zu sein scheint, so signalisiert sie doch eine wichtige Kräfteverschiebung im politischen und religiösen Machtgefüge. Denn dadurch konnte sich der zukünftige König vom Einfluss der mächtigen Priesterschaft des Amun in Theben distanzieren. Diese hatte zuvor bei der Regelung der Thronfolge immer ein gewichtiges Wort mitzureden gehabt. Die zunehmende Identifikation des Pharaos mit dem Sonnengott sollte später im Atonkult und schließlich in der Gleichsetzung Amenophis' III. mit dem Sonnengott selbst (siehe Seite 154–155) ihren Höhepunkt finden.

# WAS DIE SONNENSCHEIBE UMKREIST

## 26. JAHR VON AMENOPHIS II. (UM 1401 V. CHR.)

Im 26. Regierungsjahr starb der kriegerische Pharao Amenophis II. mit Mitte vierzig. Nach ägyptischem Glauben war er bereits mindestens 500 Jahre alt, und die Seele des Königs war gen Himmel aufgefahren, um sich mit Aton (der als Gott verehrten Sonnenscheibe) zu vereinigen. In seiner Regierungszeit hatte sich der König für den in Nordägypten (Heliopolis) beheimateten Sonnenkult interessiert. Er hatte den um 2450 v. Chr. entstandenen antiken Stätten von Gisa und besonders dem riesigen Sphinx seine Aufmerksamkeit gewidmet. Amenophis II. und sein Sohn, Prinz Thutmosis (der Vater des späteren Amenophis III.), hatten den Sphinx als Kombination aus dem mächtigen Sonnengott Re und Harmachis (»Horus des Horizonts«) verehrt.

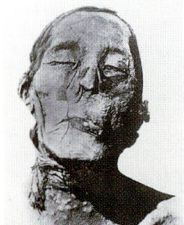

Die Mumie Amenophis' II. wurde 1898 in ihrem Sarkophag im Königsgrab gefunden. Der König starb mit Mitte vierzig. Seine Mumie hat welliges, braunes Haar, das stellenweise schon ergraut ist.

Während seine Seele bei der Sonne im Himmel lebte, wurde der Körper Amenophis' II. im traditionellen Zeitraum von 70 Tagen mumifiziert. Nach Abschluss aller wichtigen Bestattungszeremonien (siehe Seite 32–33) wurde seine Mumie im vorbereiteten Grab im Tal der Könige beigesetzt. Die Arbeit am Grab Amenophis' II. hatte schon am Anfang seiner Regierungszeit begonnen. Somit hatten die Baumeister genügend Zeit, nach einem regelmäßigen Plan ein großartiges Grab zu errichten, das den Erwartungen entsprach. Als es 1898 von Victor Loret und seinem Team entdeckt wurde, enthielt es noch zahlreiche Fragmente der Grabbeigaben. Die Ausgräber standen knietief im Schutt, den antike Grabräuber hinterlassen hatten: Leinen, Möbelstücke, Totenbahren, in Holz und Stein geschnittene Götterfiguren, ein hölzernes Osirisbett, Amulette und Bruchstücke von Kanopenkrügen. Sehr zum Erstaunen der Archäologen wurde auch

eine Gruppe von zum zweiten Mal bestatteten königlichen Mumien in zwei Seitenkammern entdeckt. Anscheinend war das Grab von jenen Priestern wieder verwendet worden, die für die Restaurierung und Neubestattung dieser Mumien verantwortlich waren. Auch die Mumie Amenophis' II. war neu gewickelt und, mit Blumen bestreut, in ihren Sarkophag aus Quarzgestein zurückgelegt worden.

Wie es in Ägypten Sitte war, wurden die Bestattungsriten für Amenophis II. von seinem Nachfolger überwacht. Es war der noch immer jugendliche Thutmosis. Als Erbe wurde er zum »ältesten Sohn des Königsleibes, von ihm geliebt« ernannt, obwohl er noch mindestens einen älteren Bruder (namens Amenophis) hatte.

Nach der Bestattung wurde der junge Thutmosis zum König gekrönt. Eine Krönungsszene aus dem Tempel von Amada zeigt, wie die Götter die Doppelkrone von Ober- und Unterägypten auf das Haupt des Monarchen setzen. Thutmosis' Mutter Tiaa wurde zur einflussreichsten Frau des Landes. Darum erscheint sie, und nicht eine der Ehefrauen, gemeinsam mit ihrem Sohn auf den offiziellen Porträts.

Thutmosis' Geburtsname (Sa-Re-Name) bedeutet »von Thot geboren«, und bei der Thronbesteigung nahm er noch vier weitere Namen an, um der traditionellen fünfteiligen Nomenklatur der Monarchen zu genügen, und zwar zunächst »Starker Stier«, »Nebti« und »Goldhorus«. Als König von Ober- und Unterägypten schließlich nahm er den Thronnamen Mencheperure an (»Immer während sind die Erscheinungen des Re«). Diese Namenwahl sollte Thutmosis' Verbindung mit dem Sonnengott unterstreichen – ein Glaube, der sich in der wachsenden Bedeutung der Sonnenscheibe Aton manifestierte. Dies wird aus einem anderen zeitgenössischen Text deutlich, in dem der neue König von den Göttern freudig als jemand begrüßt wird, »den Amun selbst zum Herrn dessen, was Aton umkreist, erhöht hat, zum Herrn über die beiden Länder, Mencheperure«. Jetzt, da sein Vater zum König gekrönt war, sollte sich auch das Leben des kleinen Prinzen Amenophis stark verändern.

Diese lebensgroße, im Tempel von Karnak gefundene Doppelfigur aus schwarzem Granit stellt Thutmosis IV. und seine Mutter Tiaa dar. Sie trägt die traditionelle Geierkrone über einer sorgfältig frisierten Perücke und legt einen Arm schützend um ihren Sohn.

# DER PRINZ
# IN DER OASE

## 1. JAHR VON THUTMOSIS IV. (UM 1400 V. CHR.)

Die Residenz des neu gekrönten Königs Thutmosis IV. war Memphis. Geführt wurde der Königspalast von einem Beamtenheer: vom »Vorsteher des königlichen Palastes«, dem Haushofmeister, dem »Vorsteher des königlichen Audienzsaales« und dem königlichen Kammerherrn bis hin zu den Herolden, Boten und Dienern. Auch die weiblichen Angehörigen der Königsfamilie hatten ihr eigenes Personal, zu dem u. a. der »Vorsteher des Palastes der Königin« und der Schreiber der Königin gehörten.

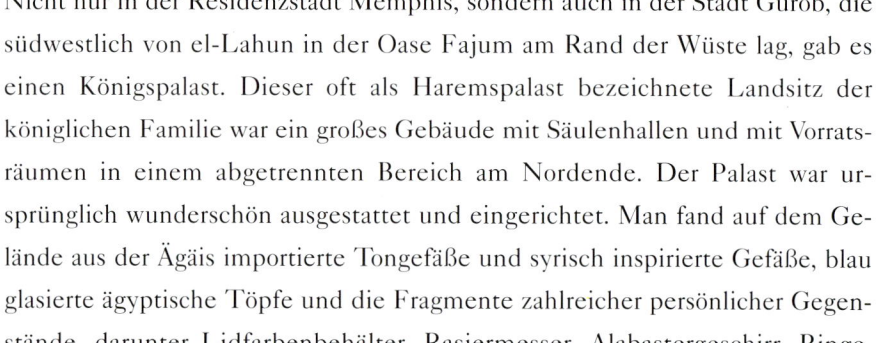

Nicht nur in der Residenzstadt Memphis, sondern auch in der Stadt Gurob, die südwestlich von el-Lahun in der Oase Fajum am Rand der Wüste lag, gab es einen Königspalast. Dieser oft als Haremspalast bezeichnete Landsitz der königlichen Familie war ein großes Gebäude mit Säulenhallen und mit Vorratsräumen in einem abgetrennten Bereich am Nordende. Der Palast war ursprünglich wunderschön ausgestattet und eingerichtet. Man fand auf dem Gelände aus der Ägäis importierte Tongefäße und syrisch inspirierte Gefäße, blau glasierte ägyptische Töpfe und die Fragmente zahlreicher persönlicher Gegenstände, darunter Lidfarbenbehälter, Rasiermesser, Alabastergeschirr, Ringe, Halsketten, kleine Skarabäen und Leinengewänder.

Amenophis scheint einen Teil seiner Kindheit auf dem friedlichen Gelände des Familiensitzes in Gurob verbracht zu haben, denn eine dem örtlichen Krokodilgott Sobek neb-Schedit geweihte Figur trägt die Inschrift »Imen-hetep mer-chepesch«: »Amenophis, der die Kraft liebt«.

Für den jungen Prinzen wurde ein Aufseher und Erzieher ernannt: Sobekhotep, der aus der Oase Fajum stammte und Bürgermeister des südlichen Sees und des Sees von Sobek war. Außerdem fungierte er als Schatzmeister des

Die 15 Tonnen schwere Granitstele mit dem Traum des Pharaos Thutmosis IV. steht zwischen den Pfoten des Großen Sphinx in Gisa. Die Inschrift auf der 3,70 Meter hohen Stele enthält das genaue Datum der Errichtung: »Jahr 1, Monat 3 der Überflutung, Tag 19«.

Königs Thutmosis IV. Amenophis' Schwester Tiaa, nach ihrer gefürchteten Großmutter benannt, stand unter der Obhut von Sobekhoteps Frau Merit. Zu Prinz Amenophis und seiner Schwester Tiaa gesellte sich eine wachsende Zahl von Geschwistern: die Brüder Amenemhet, Aa-cheperu-ra und Saatum sowie die Schwestern Imen-em-ipet, Ta-net-Imen und Petepihu.

König Thutmosis selbst war weiter nördlich in Gisa damit beschäftigt, zu Ehren der Götter eine Reihe von Stelen aufzustellen sowie die Vollendung eines Kalksteinschreins und einer großen Granitstele zu überwachen, die er seinem geliebten Sphinx Harmachis aus Dankbarkeit zwischen die Pfoten setzte (siehe oben). Die später unter Sethos I. restaurierte Stele bezeichnet Thutmosis als Sohn des Sonnengottes, der verschiedene Namen trägt: Re, Harmachis und Amun. In den Reliefszenen, die die Inschrift begleiten, ist Thutmosis zu sehen, wie er dem Sphinx ein Libationsopfer und Weihrauch darbringt. Es ist durchaus möglich, dass spätere Pharaonen dem Vorbild Amenophis' II. nacheiferten und nach ihrer Krönung dem Sphinx in Gisa einen Besuch abstatteten, um ihre Stellung zu festigen. Denn jeder Monarch, der sich bei seiner Machtübernahme von den königlichen Vorläufern die Zeit nahm, dem Sphinx als massivem Repräsentanten des Sonnengottes Opfergaben darzubringen, spielte Re gegenüber die Rolle des ehrerbietigen Sohnes Horus.

## DIE TRAUMSTELE THUTMOSIS' IV.

»An einem dieser Tage geschah es, dass der Prinz Thutmosis in der Mittagszeit herbeikam. Er rastete im Schatten dieses großen Gottes. Schlaf und Traum ergriffen in dem Augenblick Besitz von ihm, als die Sonne in ihrem Zenit stand. Da bemerkte er, wie die Majestät dieses edlen Gottes aus ihrem Mund zu ihm sprach, so wie ein Vater zu seinem Sohn spricht: ›Schau mich an, sieh mich genau an, mein Sohn Thutmosis. Ich bin dein Vater Harmachis-Chepri-Amun-Re. Ich werde dir die Königsherrschaft auf Erden über die Lebenden geben. Du sollst seine weiße Krone und seine rote Krone auf dem Thron von Geb, dem Erben, tragen. Das Land wird in seiner Länge und Breite dein sein, und alles, was das Auge dessen, der Herr über Alles ist, erleuchtet. Gute Vorräte werden für dich sein aus dem Innern beider Länder, die reiche Ernte eines jeden Fremdlandes und eine Lebenszeit reich an Jahren. Schon seit vielen Jahren hat sich dir mein Antlitz zugewandt; mein Herz gehört dir und du gehörst mir. Sieh nur, ich leide Schmerzen, und mein Körper ist ruiniert. Der Sand der Wüste, auf dem ich früher stand, drückt mich jetzt nieder. Ich habe darauf gewartet, dass du tust, was mir am Herzen liegt, denn ich weiß, dass du mein Sohn und Schützer bist. Komm zu mir; ich bin bei dir und leite dich.‹ Er [der Gott] vollendete diese Rede. Dann machte dieser Prinz große Augen, weil er diese Worte des Allherrn gehört hatte. Er verstand die Worte dieses Gottes und ließ sein Herz still werden. Dann sagte er: ›Komm mit, wir wollen zu unserem Tempel in der Stadt fahren und diesem Gott Opfergaben darbringen. Wir werden ihm Rinder und verschiedene Blumen und allerlei Kraut bringen, und wir werden Lob und Preis sagen jenen, die vorher kamen …‹«

Dieser Armreif Thutmosis' IV. zeigt den Kriegsgott Month, wie er den von Nechbets schlangengestaltiger Schwester Wadjit (Uto) geschützten Thutmosis anfeuert, einen gefangenen »Asiaten« hinzurichten. Bei der Übergabe des Krummschwerts an den König fordert der Gott ihn auf, »die Herren aller fremden Länder zu unterwerfen«.

Nachdem er seine Stellung als König auf diese Weise bestätigt hatte, konnte sich Thutmosis IV. mit Hilfe von Männern wie Tjanuni, dem Vorsteher der Soldaten, ganz dem Reich widmen. Er erinnerte sich an die Aktionen seines Vaters gegen die aufsässigen Vasallenstaaten in Syrien und Palästina und begann, das Reich durch Angriffe auf Geser in Palästina und Naharin im Nordosten Syriens zu befrieden. Dazu heißt es in einem zeitgenössischen Text: »Die Häuptlinge von Naharin, die ihre Abgaben herbeitragen, sehen Mencheperure aus seinem Haus kommen. Sie hören seine Stimme, die der des Sohnes der [Himmelsgöttin] Nut gleicht, und sein Bogen ist in seiner Hand wie der des Sohnes von Schus Nachfolgern. Und wenn er sich reckt, um zu kämpfen, wobei Aton vor ihm ist, dann zerstört er die Bergländer, zertrampelt die Wüstenländer, stampft nach Nahrina und Karai, um sicherzustellen, dass die Einwohner fremder Länder für immer Untergebene der Herrschaft des Aton sind.«

Die Feinde, die in diesem »Aton-Skarabäus« genannten Text aufgezählt werden, finden sich auch unter den zwölf Feinden in Szenen auf dem Streitwagen des Pharaos, von dem Fragmente in seinem Grab gefunden wurden. Sechs dieser zwölf feindlichen Mächte – Nahrina, Babylon, Tunip, Schasu, Kadesch und Tachesy – waren in Vorderasien angesiedelt, die anderen sechs in Afrika: Kusch, Karai, Miu, Irem, Gwerses und Tiurek. Die Szenen zeigen Thutmosis, unter dem Schutz der Geiergöttin Nechbet und begleitet vom falkenköpfigen Kriegsgott Month, wie er Pfeile in die Körper seiner asiatischen Feinde schießt, die unter seinem Wagen haufenweise dahingestreckt liegen. Diese Szene findet eine Entsprechung auf der Schmuckseite eines elfenbeinernen Armreifs (siehe oben), der zum Schutz vor der Bogensehne diente.

# ZU EHREN
# VON AMUN-RE

## 2.–5. JAHR VON THUTMOSIS IV.
## (UM 1399–1396 V. CHR.)

Nachdem er den Sonnengott Re mit einem Kalksteinschrein in Gisa geehrt hatte, wandte Thutmosis seine Aufmerksamkeit erneut der südlichen Hauptstadt Theben zu. Dort hatte er im Tempelkomplex des Amun in Karnak bereits mit der Arbeit begonnen. Amun war inzwischen mit dem Sonnengott Re vereint worden, und daraus war eine neue höchste Gottheit entstanden – Amun-Re. Während der Regierungszeit Thutmosis' IV. wurde das Land weiterhin von gut ausgewählten königlichen Beamten effizient verwaltet. Diesen diente eine große Anzahl von Schreibern. Ober- und Unterägypten waren in Verwaltungseinheiten gegliedert, so genannte Gaue, die von Provinzbürgermeistern, Gouverneuren und deren Beamten geleitet wurden.

Thutmosis hatte in Karnak einen (später zerstörten) dekorierten Innenhof aus Sandstein bauen und dann für Amun-Re einen teilweise dekorierten kleinen Alabasterschrein in Form einer Barke errichten lassen. Dieser Schrein trug die Inschrift: »Der König von Ober- und Unterägypten, Mencheperure: Er hat dieses Monument seinem Vater Amun-Re errichtet und ihm einen Tempel aus weißem Alabaster aus Hatnub gebaut.« Der König beschloss auch, einen Obelisk zu errichten, der schon von seinem Großvater Thutmosis III. in Auftrag gegeben worden war. Laut Inschrift hatte der »sehr große einzelne Obelisk 35 Jahre lang auf seiner Seite gelegen, in den Händen der Handwerker auf der Südseite von Karnak«, ehe ihn Thutmosis IV. entdeckte, weiter transportieren und im Tempel von Karnak zu Ehren seines königlichen Vorfahren aufrichten ließ. Im Jahre 357 n. Chr. wurde der Obelisk nach Rom gebracht, wo er noch heute vor der Lateranbasilika steht.

Um 1397 v. Chr. befahl Thutmosis dem Bürgermeister von Tjaru namens Neby, in Serabit el-Khadim auf der Halbinsel Sinai neue Türkis- und Kupferminen anzulegen. Die Arbeit an den Minen ging auch im folgenden Jahr weiter. Darauf verweist die Inschrift »Jahr 5 unter der Majestät dieses guten Gottes«, die sich im nahe gelegenen Tempel der Hathor fand, der ägyptischen Göttin der Liebe und Schönheit, die als Schutzgöttin des Sinai auch unter dem Namen *Nebet Mefkat* (»Herrin des Türkis«) bekannt war.

Neben seinen Bauvorhaben machte sich Thutmosis IV. daran, sein Reich mit großer Effizienz zu verwalten. Viele der Namen von königlichen Beamten in zentraler Stellung sind erhalten. Das höchste Amt im Lande unter dem des Königs war das des Wesirs (»Ministerpräsident«). Diesen Titel trugen nacheinander Hepu, Ptahhotep und Ptahmose. Schatzmeister war der Erzieher des jungen Prinzen Amenophis, Sobekhotep. Sein Nachfolger wurde später Merire. Nebamun wurde zum Aufseher über die Wüstengebiete westlich von Theben ernannt, im Regierungsjahr 6 überdies zum Polizeichef. Die auswärtigen Beziehungen fielen in den Verantwortungsbereich der örtlichen Vasallenführer und Prinzen; die Oberaufsicht führten Amenophis, der Vizekönig von Nubien, und Nehemawi, der Vorsteher der südlichen Länder.

Die Priesterschaft war auch weiterhin ein Machtfaktor, besonders jene Priester, die mit dem Kult des Amun verbunden waren. Der Hohepriester und die Propheten dieses Kultes hatten ihren Sitz im Amuntempel in Karnak, zusammen mit den Verwaltern, den Aufsehern über die heiligen Rinder, den Schreibern und leitenden Handwerkern.

Der Hathortempel in Serabit el-Khadim auf dem Sinai wurde zum Teil unter Amenophis III. errichtet. Zwei Stelen auf dem Tempelgelände berichten von der späteren Expedition des Schatzmeisters Sobekhotep, der hier für Amenophis' drittes Sedfest Türkis holte – im 36. Regierungsjahr.

# DIE ERZIEHUNG
# EINES PRINZEN

**P**rinz Amenophis' Erziehung im Königspalast in Gurob war Heqa-er-neheh anvertraut, der schon zu seinen »Ammen« gehört hatte. Der Prinz wurde ebenso wie seine Brüder und Schwestern gemeinsam mit dem Nachwuchs der begünstigten Beamten unterrichtet: den »Kindern der königlichen Kinderstube«, darunter Minhotep, Ptahemhet und Paser.

Lesen und schreiben zu können war eine sehr wertvolle Fähigkeit. Zur Elite, die diese Fähigkeit besaß, gehörten höchstens ein oder zwei Prozent der ägyptischen Bevölkerung. Wer lesen konnte, war sehr darauf bedacht, sich in Schreibpose porträtieren zu lassen, mit gekreuzten Beinen sitzend und mit einer Feder in der Hand. Der »Königliche Schreiber des Haushalts der Prinzen«, Mencheper, brachte seinen Schülern Lesen und Schreiben bei. Der junge Amenophis erlernte wahrscheinlich die hieratische Schrift, die »Kurzschrift«-Variante der Hierogplyphenschrift. Die Schüler übten sie, indem sie Teile von Texten kopierten und Diktate schrieben. Wahrscheinlich war der Prinz auch mit der babylonischen Keilschrift vertraut, die damals für diplomatische Korrespondenz

Vier sitzende Schreiber, die ausgerollte Papyrusbogen, Rohrfedern und hölzerne Tintenfässer halten. Detail eines Kalksteinreliefs im Grab des Generals Haremhab in Sakkara (18. Dynastie).

zwischen den Großmächten Verwendung fand. Die Kinder wurden ermutigt, viele verschiedene Textarten zu lesen, Texte, die in den königlichen Bibliotheken aufbewahrt wurden. Ebenso hatten sie Mathematikunterricht. Die Übungen bewegten sich zwischen elementaren Additionsaufgaben und der Flächenbestimmung von Dreiecken.

In einem Text aus der Spätzeit des Neuen Reiches erhalten die Schüler folgende Ratschläge: »Du musst deine Übungen jeden Tag erledigen. Sei nicht faul. Du fängst an, ein Buch zu lesen, und du rechnest schnell. Lass aus deinem Mund keinen Ton hören; schreib mit deiner Hand, lies mit deinem Mund. Frag unermüdlich die, die mehr wissen als du – und versuch zu verstehen, was dein

## KINDERKLEIDUNG

Der kleine Prinz Amenophis trug sein Haar in einem Seitenzopf, der so genannten »Seitenlocke der Jugend«. Diese Haartracht erscheint oft in der ägyptischen Kunst, und sie wurde auch bei Kindermumien gefunden. Auf einem der Reliefs in Luxor, auf dem Amenophis als Säugling zu sehen ist, trägt das Königskind eine geflochtene Seitenlocke auf der rechten Kopfseite.

Im alten Ägypten unterschied sich Kinderkleidung kaum von den Kleidern der Erwachsenen. Lendenschurze und Tuniken, meist aus Leinen, wurden von Erwachsenen wie von Kindern getragen. Abnehmbare Ärmel, die in ärmellose Gewänder eingenäht werden konnten, wenn das Wetter kühler wurde, gehörten zur Garderobe der Kleinen. Archäologen haben in einem Grab in der königlichen Residenzstadt Gurob zwei schöne Exemplare solcher Ärmel gefunden, die 41 cm lang sind und aus jener Zeit stammen. Neuere Ar-

Die kleine Tochter des Schreibers Nebamun (ein Beamter unter Amenophis III.) mit Seitenlocke, breitem Blumenkragen und einem goldenen Kettenanhänger.

dem Grab von Amenophis' III. Enkel Tutanchamun haben zwei unterschiedliche Kleidungsgrößen identifiziert, eine für Erwachsene und eine für Kinder. Unter den etwa fünfzig in dem Grab aufgefundenen königlichen Kinderkleidern sind viele Nachbildungen von Kleidern der Erwachsenen, darunter kleine Lendenschurze, Sandalen und Hand-

Vierjährigen passten. Es fand sich auch ein fein gewebtes Leinenkleid für ein Kind. Man hat kürzlich errechnet, dass allein dieses Kleid – einzelne Forscher haben es als antikes Äquivalent eines christlichen Taufkleides beschrieben – dreitausend Arbeitsstunden erforderte. Ähnliche Kleider wurden zweifellos auch von Amenophis III. als

Lehrer will; hör auf seine Anweisungen. ›Hier bin ich‹, wirst du jedes Mal sagen, wenn er dich ruft.« Die Schüler sollten »den Tag mit Schreiben verbringen und abends lesen; schließ Freundschaft mit der Papyrusrolle und der Palette – das schenkt mehr Vergnügen als der Wein.« Manchmal musste der Lehrer aber auch zu härteren Maßnahmen greifen, um die Aufmerksamkeit seiner Schüler zu gewinnen: »Bist du ein Esel? Ich werd's dir zeigen. Du hast ja keinen Verstand im Körper.« Und in einem Sprichwort hieß es: »Das Ohr eines Jungen ist auf seinem Rücken; er hört nur, wenn er Prügel bekommt.«

## SPIELZEIT IM PALAST

Spielzeug und Spiele waren im alten Ägypten etwas ganz Normales, und besonders die Königskinder verfügten über handwerklich exquisites Spielzeug. Dazu gehörten kleine Elfenbeinfiguren, die tanzen und Pirouetten drehen konnten, wenn man an ihren Fäden zog, und Tiere, etwa Krokodile und Hunde, die ihr Maul auf ähnliche Weise öffneten und schlossen. Zum Spielzeug, das man auf Rädern hinterherziehen konnte, gehörten Pferde, ein Wagen und ein Modellschiff – komplett mit Rammsporn und Steuerruder.

Kleine Tonfiguren von Nilpferden, Krokodilen, Affen und anderen Tieren wurden ebenfalls gefunden. Ihre Unvollkommenheit legt den Schluss nahe, dass sie von ägyptischen Kindern selbst gefertigt wurden.

Das Malen war offensichtlich populär: Eine Farbpalette, die eine Kartusche mit dem Namen Amenophis' III. trägt, enthält sechs ovale Blöcke von Malfarben. Sie ähnelt späteren Exemplaren aus Elfenbein, die sein Enkel Tutanchamun und seine Enkelinnen Meritaten und Meketaten besaßen. Wir wissen, dass diese drei Königskinder ohne Aufsicht selbständig malen durften, denn auf dem Fußboden und unten an den Wänden in ihrem Spielzimmer im Palast von Amarna finden sich Farbflecken in Gelb, Rot, Blau und Grün. Selbst die Originalpinsel hat man dort gefunden.

Spielzeug wie Lederbälle, Kegel und Kreisel regten zu körperlich aktiveren Spielen an. Die Kinder übten sich auch in Akrobatik und im Tanzen, und sie spielten verschiedene Gruppenspiele (Verstecken, Bockspringen und *chasa lawisa* [»Gänsestechen«], das man noch heute in Ägypten spielt).

Von Brettspielen wie Senet, »Fuchs und Schafe« und dem Schlangenspiel gibt es heute ebenfalls moderne Varianten. Senet war ein Spiel für zwei Personen, die Figuren (»Tänzer«) bewegten, indem sie Knöchelchen, Würfel oder markierte Stöckchen über ein Spielbrett warfen, das in drei Reihen zu zehn Feldern eingeteilt war. Das Spielbrett stand für eine Reise durch die Unterwelt: Vier Felder vor dem Ende befand sich das »Haus des Unglücks«, und ein Spieler, der dort landete, musste nochmals ganz von vorn beginnen. Auf den letzten Feldern befanden sich geschnitzte Bildsymbole der entsprechenden Götter. Ganz zum Schluss kam der Falke des Sonnengottes Re. Es ging darum, selbst als Erster anzukommen und den Gegenspieler zu überholen oder zu blockieren.

Dieser Holzlöwe aus Theben hat Kristallaugen und Bronzezähne. Durch Ziehen eines Fadens, der am Kinn des Löwen befestigt war, konnten die Kinder das Maul auf- und zu chnappen lassen.

Eine zeitgenössische Szene im Grab des Kornkammerverwalters Djeserkaresonb zeigt einen jungen Schüler, der seine Papyrusrolle und ein hölzernes Schreibbrett in Händen hält. Er folgt seinem Lehrer, dem Schreiber, der in dieser Darstellung eine Palette trägt, die seine Rohrfedern sowie schwarze und rote Tintenblöcke enthält. Schwarze Tinte diente zum Schreiben, rote zur Hervorhebung von Schlüsselwörtern. Diese Ausrüstung stimmt mit der überein, die im Grab von Amenophis' Enkel Tutanchamun gefunden wurde; dessen Schreibutensilien waren allerdings vergoldet.

Mathematik war ein wichtiger Bestandteil der Ausbildung in Ägypten. Der Papyrus Rhind, aus dem dieses Detail stammt, enthält Gleichungen für Flächenberechnung und Winkelmessung

Neben Lesen, Schreiben und Mathematik hatten die Kinder auch Musikunterricht. Ein Text erinnert die Schüler: »Du hast gelernt, zur Rohrpfeife zu singen, zur Flöte zu deklamieren und zur Lyra zu rezitieren.« Körperliche Aktivitäten wie Laufen, Rudern, Schwimmen und Ringen gehörten ebenfalls zum Lehrplan für junge Prinzen im Palast.

Die Schüler im Palast wurden auch militärisch unterwiesen. Eine Geschichte aus der Zeit des Neuen Reiches erzählt, wie ein Junge in die Palastschule geschickt wurde, wo er »gut zu schreiben lernte. Er übte sich in allen Kriegskünsten und übertraf darin sogar seine älteren Schulkameraden.« Wie schon sein Vater und Großvater lernte auch Amenophis, wie man einen Streitwagen lenkt und wie man mit Pfeil und Bogen umgeht. Das Bogenschießen und die Jagd machten ihm besondere Freude, und diesen Beschäftigungen widmete er sich auch als Erwachsener noch regelmäßig. Sein Großvater Amenophis II. hatte als Junge das Bogenschießen unter der Anleitung von Min erlernt, dem Bürgermeister von This, der voller praktischer Ratschläge war: Eine Szene in Mins Grab zeigt den Bürgermeister, wie er dem jungen Prinzen die Pfeile führt. In der Inschrift heißt es: »Der Königssohn Amenophis erfreut sich an den Schießübungen im Hof des Palastes von This. Er [Min] gibt eine Lehrstunde im Schießen. Er sagt: ›Spann deinen Bogen bis zu den Ohren.‹«

Eine fragmentarische Inschrift aus dem Tempel des Kriegsgottes Month in Medamud beschreibt, wie sich eine solche frühe Übung im Bogenschießen auszahlte: Die Fähigkeit Amenophis' II., eine dicke Kupferzielscheibe mit dem

# DER THRONERBE

König Thutmosis' ältester Sohn Amenemhet war früh gestorben, und im Jahr 7 seiner Herrschaft erklärte der König den achtjährigen Amenophis zu seinem Erben. Im selben Jahr erhob der König seine eigene Schwester Iaret zur Großen königlichen Gemahlin. Als Thutmosis gegen seine Feinde in Nubien zu Felde zog, nahm er Amenophis und Iaret mit. Drastische Szenen in Konosso, südlich von Assuan, zeigen Iaret an der Seite des Königs, als er Nubiern vor den lokalen Göttern Dedwen und Ha den Schädel einschlägt.

Dieser Papyrus aus ramessidischer Zeit stellt einen Löwen (Sinnbild des Königs) bei einem Brettspiel mit einer Gazelle dar. Diese symbolisiert wohl eine Nebenfrau.

Die Doppelernennung etwa 1394 v. Chr. muss nachhaltige Folgen für Prinz Amenophis gehabt haben. Denn er wurde zur selben Zeit zum Thronerben ernannt, wie seine Tante Iaret seine Stiefmutter wurde. Mutemwia, die leibliche Mutter des Prinzen, war dagegen nur eine Nebenfrau, und der Titel »Große königliche Gemahlin« wurde ihr erst rückwirkend von ihrem Sohn Amenophis bei dessen Thronbesteigung verliehen. Angesichts dessen, wie wichtig der Status am Hof war, müssen Mutemwia und Amenophis sich ihrer zweitrangigen Stellung nur allzu bewusst gewesen sein. Selbst Kleidung und Aufmachung waren so gestaltet, dass sie die Beziehung des Trägers oder der Trägerin zum König ausdrückten: Während Iaret und Nofretere als Große königliche Gemahlinnen berechtigt waren, auf ihren Kronen die königlichen Insignien des Geiers und der Uräusschlange zu tragen, durfte die Nebenfrau Mutemwia dies nicht. Ihre Krone war stattdessen mit zwei Gazellenköpfen geschmückt.

Goldene Fliegen
wurden für Mut
und Ausdauer
auf dem
Schlachtfeld
verliehen. Die
hier gezeigten
wurden, zusam-
men mit Juwelen
und Waffen, im
Grab der Königin
Achotep (frühe
18. Dynastie)
gefunden.

Die endlosen Möglichkeiten für Hofintrigen wuchsen sogar noch, als Thutmosis IV. seinen ägyptischen Frauen durch Heirat mit einer Tochter des Mitanni-Königs Artatama I. noch eine weitere hinzufügte – ein Ereignis, an das
man sich auch später noch in der diplomatischen Korrespondenz erinnerte: »Als
Manahpiria [Thutmosis IV.] meinem Großvater Artatama schrieb, hielt er um
die Hand der Tochter meines Großvaters an, der Schwester meines Vaters, und
zwar fünfmal, sechsmal. Ein siebtes Mal schickte er zu meinem Großvater, und
dann gab er sie sofort [zur Frau].« Diese diplomatische Taktik, deren sich später
auch Amenophis III. bediente, hatte die Funktion, den Pakt zwischen Ägyptern
und Mitanni gegen die wachsende Militärmacht der Hethiter im Norden zu
bekräftigen. Nubien im Süden blieb allerdings weiterhin ein Unruheherd.

Um 1393 v. Chr. zog Thutmosis nach Süden, um sich mit den Unruhen in
der Arabischen Wüste zu befassen. Von Theben aus fuhr er auf dem Nil nach
Süden bis Edfu und marschierte dann in östlicher Richtung auf der
Goldminenroute durch das Wadi Mia bis ins Wüstengebirge, um die Nubier zu
stoppen, die – wie es hieß – den Goldtransport behinderten. Inschriften in Konosso belegen die persönliche Beteiligung des Königs an dem militärischen
»Scharmützel«. Weitere Inschriften in Konosso belegen, dass Thutmosis auf seinem Weg nach Süden von einem Gefolge von Höflingen unter Führung des
königlichen Herolds Re begleitet wurde. Auch mehrere Mitglieder des königlichen Haushalts machten die Tour mit, darunter die Prinzen Amenophis und Aa-
cheperu-ra, die als alt genug galten, um gemeinsam mit ihren Erziehern, Vater
und Sohn Heqa-reschu und Heqa-er-neheh, an dieser Reise teilzunehmen.

Zweites Kapitel

# IN WAHRHEIT ERSCHIENEN

UM 1391–1382 V. CHR.

Kopf einer braunen Quarzitstatue von
Amenophis III. Der lächelnde König trägt
die blaue Kriegskrone der Pharaonen.

# DER KINDKÖNIG

## 1. JAHR (UM 1391 V. CHR.)

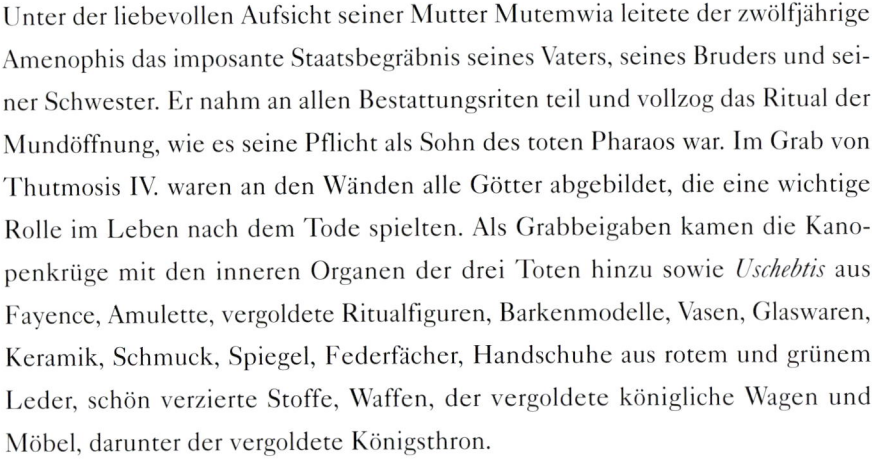

Der Hochzeitsskarabäus berichtet über die Hochzeit Amenophis' III. Über seine Braut Teje sagt die Inschrift: »Die Große königliche Gemahlin Teje, sie möge leben, der Name ihres Vaters ist Juja, der Name ihrer Mutter Tuja; sie ist die Gemahlin eines mächtigen Königs, dessen Reich im Süden in Karai endet und im Norden in Nahrina.«

Im zehnten Jahr seiner Herrschaft starb Thutmosis IV. in einem Alter, das auf 25 bis 40 Jahre geschätzt wird. Während des siebzigtägigen Mumifizierungsprozesses wurde in aller Eile die Dekoration seines Grabes im Tal der Könige vollendet, wo seine perfekt präparierte Mumie in ihrem schön geschmückten Quarzitsarkophag bestattet wurde. Die Bestattung von Thutmosis wurde begleitet von der zweier seiner Kinder, seines Sohns Amenemhet und seiner Tochter Ta-net-Imen. Es war die traurige Pflicht des jungen Thronerben und neuen Königs Amenophis III., nicht nur seinen Vater, sondern auch Bruder und Schwester zu Grabe zu tragen. Ein freudigeres Ereignis folgte noch in Amenophis' erstem Regierungsjahr: Nach der Krönung wurde seine Heirat mit einem jungen Mädchen namens Teje gefeiert, der Tochter eines Provinzbeamten aus Achmim.

Unter der liebevollen Aufsicht seiner Mutter Mutemwia leitete der zwölfjährige Amenophis das imposante Staatsbegräbnis seines Vaters, seines Bruders und seiner Schwester. Er nahm an allen Bestattungsriten teil und vollzog das Ritual der Mundöffnung, wie es seine Pflicht als Sohn des toten Pharaos war. Im Grab von Thutmosis IV. waren an den Wänden alle Götter abgebildet, die eine wichtige Rolle im Leben nach dem Tode spielten. Als Grabbeigaben kamen die Kanopenkrüge mit den inneren Organen der drei Toten hinzu sowie *Uschebtis* aus Fayence, Amulette, vergoldete Ritualfiguren, Barkenmodelle, Vasen, Glaswaren, Keramik, Schmuck, Spiegel, Federfächer, Handschuhe aus rotem und grünem Leder, schön verzierte Stoffe, Waffen, der vergoldete königliche Wagen und Möbel, darunter der vergoldete Königsthron.

Als achtzig Jahre später Grabräuber in das Grab eingedrungen waren, oblag

es einem Beamten namens Maja, dessen Grab vor kurzem in Sakkara entdeckt wurde, und seinem Gehilfen Djehutimose, die letzte Ruhestätte von Thutmosis IV. sorgfältig wieder instand zu setzen. An der Wand des Grabes hinterließ Maja folgende Inschrift: »8. Jahr, 3. Monat der Achet [Nil-Überschwemmung], 1. Tag unter der Herrschaft des Königs von Ober- und Unterägypten Djesercheperure-setepenre, Sohn des Re, Haremhab. Seine Majestät, Leben, Wohlstand, Gesundheit, hat befohlen, dass der Wedelträger zur Rechten des Königs, der königliche Schreiber, Vorsteher der Schatzkammer, Vorsteher der Arbeiten am Ort der Ewigkeit [der königlichen Nekropole] und Festleiter des Amun in Karnak, Maja, Sohn des edlen Jawi und der Dame Weret, beauftragt werde, das Grab des Königs Mencheperure, von wahrer Rede, im edlen Hause westlich von Theben zu erneuern. Sein Gehilfe ist Djehutimose, dessen Mutter Iniuhe aus der Stadt [Theben] stammt.«

In dieser Wandszene aus dem Grab von Thutmosis IV. wird der König (mit *Nemes*-Kopftuch und Schurz) von den Göttern des Totenreiches begrüßt: Osiris, Anubis und Hathor als Herrin des Westens (von links nach rechts).

Nach einem weiteren Grabraub wurde die Mumie von Thutmosis aus dem Grab entfernt und mit mehreren anderen Mumien ins Grab seines Vaters Amenophis II. überführt. Die Ausstattung des ursprünglichen Grabes war verwüstet, alle goldenen Gegenstände waren geraubt worden. Die Räuber hatten ihr Seil hinterlassen, das man um einen der Pfeiler gebunden fand.

Nach der Bestattung seines Vaters wurde Amenophis III. zum Pharao ausgerufen und bei einer großen Staatszeremonie in der alten Hauptstadt Theben gekrönt. Im Barkenschrein des Tempels von Luxor ist die Krönung von Amenophis auf Reliefs dargestellt, auf denen der König vor den Göttern niederkniet, um von Amun-Re die Krone zu empfangen. In der nächsten Szene legt der Gott seine Hand auf die Atefkrone mit der Sonnenscheibe, um zu bestätigen, dass die Krönungszeremonie korrekt ausgeführt wurde. Kurz nach seiner Krönung dürfte der König dem Beispiel seines Vaters und Großvaters gefolgt sein und der Sphinx als Verkörperung des Sonnengottes gehuldigt haben. Damit vollzog er

Vorder- und Rückseite des Kopfs einer kleinen Granitfigur, die Amenophis III. mit der Doppelkrone des vereinten Ägypten darstellt. Die weiße Krone Oberägyptens ruht in der roten Krone Unterägyptens; darunter trägt der König das gestreifte *Nemes*-Kopftuch.

die Übertragung der königlichen Macht und die Bestätigung seiner Autorität noch einmal unter dem wachsamen Blick des gewaltigen steinernen Wesens.

Aufgrund der Jugend des neuen Königs wurde seine Mutter Mutemwia zur Regentin ernannt. Mutter und Sohn sind im Grab des Heqa-reschu dargestellt. Amenophis thront unter einem reich geschmückten Baldachin; die hinter ihm stehende Mutemwia legt ihm die Hand auf die Schulter, wodurch ihre beratende Funktion angedeutet wird.

Den Bestattungs- und Krönungszeremonien folgte die prunkvolle Hochzeit des jungen Königs mit Teje (siehe Seite 70–73). Tejes Vater Juja trug die Titel »Priester und Rindervorsteher des Min« und »Herr von Achmim«. Ihre Mutter Tuja war »Sängerin des Amun«, »Sängerin der Hathor«, »Oberste Harimsdame des Amun« und »Oberste Harimsdame des Min«. Amenophis erhob seine Schwiegereltern zu neuen Ehren: Juja wurde zum »Vorsteher der Pferde« und »Stellvertreter Seiner Majestät bei der Streitwagentruppe« ernannt, Tuja wurde als »Königliche Mutter der Großen königlichen Gemahlin« gehuldigt. Stolz konnte sie auch auf ihren Sohn Anen sein, der ein hohes Priesteramt erhielt.

## NAMEN UND TITEL VON AMENOPHIS III.

Amenophis übernahm den fünffachen Titel der Könige, versehen mit Attributen, die seine politischen Ambitionen widerspiegelten. Sein Geburtsname (Sa-Re-Name) lautete »Imenhetep [Amenophis]; mer-chepesch« (Amun ist zufrieden; der die Kraft liebt). Sein Thronname war »Neb-maat-Ra« (Der Herr der Wahrheit ist Re), sein Horusname »Starker Stier, der in Wahrheit erschienen ist«, sein Nebtiname »Der die Gesetze dauern lässt und die Beiden Länder befriedet«, und sein Goldhorusname »Groß an Kraft, der die Asiaten schlägt«.

Kartuschen von Amenophis III. mit zwei seiner Königsnamen.

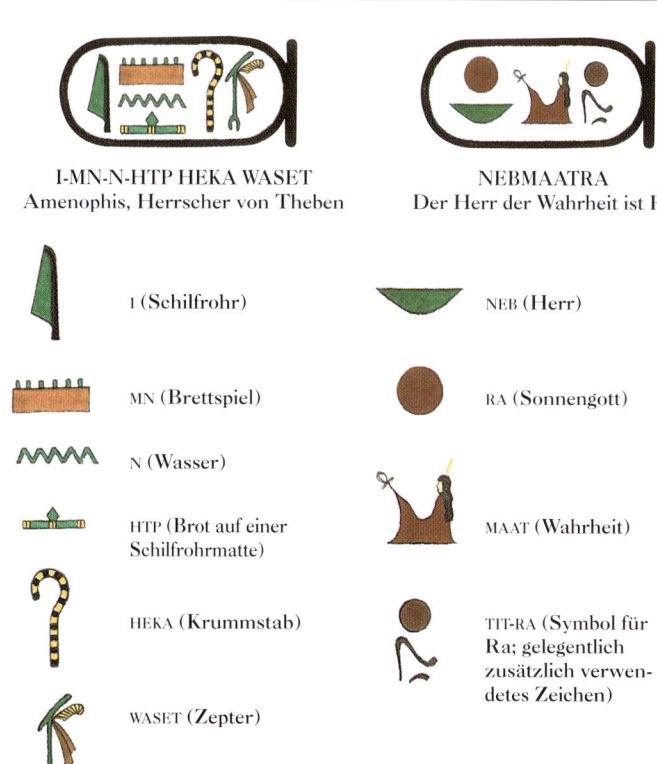

I-MN-N-HTP HEKA WASET
Amenophis, Herrscher von Theben

NEBMAATRA
Der Herr der Wahrheit ist Re

I (Schilfrohr)

MN (Brettspiel)

N (Wasser)

HTP (Brot auf einer Schilfrohrmatte)

HEKA (Krummstab)

WASET (Zepter)

NEB (Herr)

RA (Sonnengott)

MAAT (Wahrheit)

TIT-RA (Symbol für Ra; gelegentlich zusätzlich verwendetes Zeichen)

# DAS REICH
# AMENOPHIS' III.

Als Amenophis III. den Thron bestieg, erbte er ein 1600 Jahre altes Königreich, aus dem seine Vorgänger aus der 18. Dynastie ein riesiges Imperium geschaffen hatten. Dank der geschickten Politik seines Vaters herrschte Frieden im Reich. Selbst die Rivalität mit Mitanni hatte Thutmosis durch den diplomatischen Schachzug beendet, die Tochter des mitannischen Königs Artatama I. zu heiraten. Als mächtigster Staat der Alten Welt unterhielt Ägypten gute Beziehungen mit den anderen Mächten: mit Babylon, Assyrien, Arzawa (in Westanatolien), Alaschia (Zypern), Hatti (dem Reich der Hethiter) und Mitanni. Die Herrscher dieser Länder verwendeten gegenüber Amenophis die Anrede »mein Bruder« (siehe Seite 150–153).

Ägypten reichte zu jener Zeit »von Karai bis Nahrina«. Karai hieß die sudanesische Region zwischen dem vierten und fünften Katarakt (felsigen Stromschnellen im mittleren Niltal), die bis zu den Goldminen im Osten reichte; Nahrina war der Name des Staates Mitanni am Oberlauf des Euphrat. Die zum Reich gehörenden Vasallenstaaten in Syrien und Palästina waren in drei Gebiete aufgeteilt, deren Gouverneure den Titel »Vorsteher der nördlichen Länder« trugen (siehe Seite 74–75). Der nach ägyptischem Muster verwaltete Teil Nubiens wurde im Auftrag des Königs vom »Vizekönig von Kusch« regiert, einem Beamten mit großer Machtfülle (siehe Seite 44–47).

In einem besonders schönen Text aus dem Totentempel des Königs in Kom el-Hetan verleiht der Gott Amun dem König die Herrschaft über die vier Ecken der Welt: »So spricht Amun, der König der Götter: Sohn meines Leibes, mein geliebter Neb-maat-Ra, mein lebendes Abbild, […] mir geboren von Mut, Herrin von Ascheru in Theben, Herrin der Neun Bogen, die dich genährt hat, auf dass du der einzige Herr des Volkes werdest. Mein Herz ist voll Freude, wenn ich deine Schönheit sehe. Ich tat ein Wunder für deine Majestät. Ich wandte mich gen Süden und tat ein Wunder für dich, indem ich die Herren des elenden Kusch vor dich treten ließ, mit ihrem Tribut auf dem Rücken. Ich wandte mich gen Norden und tat ein Wunder für dich, indem ich die Länder an den Enden Asiens vor dich treten ließ, all ihre Gaben auf ihrem Rücken. Dir bieten sie sich und ihre Kinder dar und flehen dich an, du mögest ihnen den Lebenshauch gewähren. Ich wandte mich gen Westen und tat ein Wunder für dich, indem ich dich Tjehenu erobern ließ, sie können nicht entkommen! Erbaut ist jene Festung und benannt nach meiner Majestät, umschlossen von einer großen Mauer, die bis zum Himmel reicht, und bevölkert mit den Prinzen der nubischen Bogenschützen. Ich wandte mich der aufgehenden Sonne im Osten zu und tat ein Wunder für dich, indem ich die Länder von Punt vor dich treten ließ mit all den wohlriechenden Pflanzen ihrer Länder, auf dass sie dich um Frieden bitten und die Luft atmen, die du gibst.«

Die gebunden daliegenden nubischen Gefangenen von der zeremoniellen Fußbank Tutanchamuns stellen vier der »Neun Bogen« dar, der neun traditionellen Feinde Ägyptens.

# DER SOHN SEINES VATERS

## 2. JAHR (UM 1390 V. CHR.)

Nachdem er die Bestattung seines Vaters geleitet hatte, erfüllte Amenophis die traditionellen Pflichten eines legitimen Sohnes und Nachfolgers, indem er die von Thutmosis begonnenen Bauprojekte zum Abschluss brachte. Zudem ließ er neue Steinbrüche erschließen, die Baumaterial für seine eigenen Projekte liefern sollten. In seinem zweiten Regierungsjahr begann der Abbau von Kalkstein in Berscheh und weiter nördlich in Tura, woher schon ein Teil des mehr als tausend Jahre früher zum Bau der Pyramiden von Gisa und Sakkara verwendeten Kalksteins stammte. Zu den neuen Bauvorhaben des Königs gehörte eine Erweiterung des Tempels von Karnak. Wie sein Vater und Großvater liebte Amenophis den Sport, besonders das Lenken von Streitwagen und die Großwildjagd. In seinem zweiten Regierungsjahr nahm er an einer spektakulären Stierjagd im Gebiet von Wadi Natrun, nordwestlich des heutigen Kairo, teil.

Ein Handgelenkschutz aus rotem Leder aus dem Grab von Amenophis III.

Der Stier war ein Symbol der königlichen Macht; sein Schwanz befand sich am Gürtel des Königs als Zeichen von dessen Stärke und Männlichkeit. »Starker Stier« war ein königlicher Beiname, ebenso Kamutef, »Stier seiner Mutter«, ein Verweis auf den symbolischen Vorgang, bei dem die Mutter des Königs die Gestalt einer Kuh annahm, des der Göttin Hathor geweihten Tieres. Kamutef war auch eines der Attribute des mit Min, dem Gott der männlichen Zeugungskraft, vereinten Amun. Der Horusname von Amenophis lautete Ka-nacht, cha-em-maat: »Starker Stier, der in Wahrheit erschienen ist«.

In der religiösen Ikonographie spielte der Stier eine wichtige Rolle. Der Stier des Re war ein Symbol des Sonnenkults, ebenso wie der Mnevisstier von Heliopolis, der Stadt des Sonnengottes. Der Buchisstier von Armant galt als

Manifestation von Re und Osiris, der
Apisstier von Memphis (siehe S. 111) als
Verkörperung von Ptah und Osiris. Die
als Vertreter der Gottheiten dienenden
Tiere wurden von den Priestern anhand
bestimmter Zeichen auf der Haut ausgewählt.

Rinder galten zudem als geeignetes
Opfer für die Götter. Auf Tempelreliefs finden
sich Darstellungen eigens gemästeter Rinder mit geschmückten Hörnern. Zum
Besitz des Amuntempels gehörten große für Opferzwecke gehaltene Rinder-
herden; eine Szene im Grab des Schreibers Nebamun zeigt eine Herde bei der
Zählung. Der junge Hirte treibt die Tiere mit den Worten an: »Los! Beeilt euch!
Macht nicht so einen Lärm!«

Von der Eröffnung der Steinbrüche von Tura im zweiten Regierungsjahr des
Königs zeugt eine Stele mit der Inschrift: »Auf Anordnung Seiner Majestät wurden die Steinbrüche wieder in Betrieb genommen, um schönen Kalkstein aus

Der Schreiber
Nebamun zählt
und registriert die
an ihm vorbeige-
triebenen Rinder.
Fragment einer
Szene aus dem
Grab dieses
Beamten in
Theben.

## DIE JAGD VON WADI NATRUN

Im zweiten Jahr seiner Regierung
nahm der junge Amenophis III.
an einer großen, organisierten
Jagd auf Stiere in der Gegend von
Wadi Natrun teil. Die Begeisterung des Pharao für Streitwagen
und die Jagd belegen Funde in
seinem Grab.

Die Jagd von Wadi Natrun
wird auf einem Gedenkskarabäus
geschildert: »Im 2. Regierungsjahr unter der Herrschaft des
Horus, Starker Stier, der in Wahrheit erschienen ist; Nebti, der die
Gesetze dauern lässt und die
Beiden Länder befriedet; Goldhorus, Groß an Kraft, der die
Asiaten schlägt; König von Ober-
und Unterägypten, Herr der
Beiden Länder; Neb-maat-Ra;
Sohn des Re; Amenophis, Herr-

scher von Theben, dem Leben
gegeben sei; und der Großen
königlichen Gemahlin Teje, möge sie leben wie Re! Ein Wunder
ist Seiner Majestät widerfahren.
Es kam Einer zu Seiner Majestät
und sagte: ›Es sind wilde Stiere
in der Wüste im Gebiet von
Schetep [Wadi Natrun].‹

Seine Majestät fuhr am Abend
den Fluss hinab in der königlichen Barke *Cha-em-maat* [In
Wahrheit erschienen]. Die Reise
ging zügig voran, und am Morgen
erreichte er unbeschadet die Gegend von Schetep. Seine Majestät
erschien auf seinem Streitwagen,
gefolgt von seiner ganzen Armee.
Man wies alle Offiziere und Soldaten wie auch die Zöglinge des
Palastes an, ein Auge auf die wilden Stiere zu haben. Dann befahl
Seine Majestät, es solle ein Gra-

ben um die wilden Stiere gezogen werden, woraufhin Seine Majestät sich auf all diese wilden
Stiere stürzte.

Ihre Zahl: 170 wilde Stiere.
Die Zahl, die der König an diesem Tag erlegte: 56 wilde Stiere.
Seine Majestät wartete vier Tage,
um seinen Pferden Ruhe zu gön-
nen. Seine Majestät erschien auf
seinem Wagen. Die Zahl der wilden Stiere, die er erlegte: 40 wilde Stiere. Gesamtzahl der wilden
Stiere: 96.«

Die Stierjagd von Wadi Natrun scheint ein formelles, gera-
dezu inszeniertes Ereignis gewesen zu sein. Sie war offenbar als
öffentliche Demonstration für die
Fähigkeit des Königs gedacht, die
Kräfte der Wildnis zu beherr-
schen und so dem Chaos Ordnung zu verleihen.

Ainu zu hauen zur Errichtung von Bauten von Millionen von Jahren, da Seine Majestät feststellte, dass die Steinbrüche von Tura seit längst vergangener Zeit dem Verfall anheim gegeben waren.« Die erwähnten Jahrmillionen verweisen auf die Verwendung des Steins für die ambitionierten Tempelbauten, die Amenophis in Angriff nahm. In Karnak begann der Pharao mit einer eindrucksvollen Wiederaufbau- und Neubautätigkeit, die ihn während des Großteils seiner langen Herrschaft in Anspruch nehmen sollte. Dabei scheint Amenophis die Bauten seiner Vorgänger mit Achtung behandelt zu haben. Er habe, heißt es, »Tempel erneuert, ohne zu beschädigen, was vorher errichtet wurde«.

## AMENOPHIS IN KARNAK

Amenophis' erster Eingriff in den Tempelbezirk von Karnak war die Vollendung des Schreins von Thutmosis IV. für die Barke des Amun-Re neben dem vierten Pylon. Später ließ er die älteren Bauten seiner Vorgänger in diesem Bereich systematisch entfernen. Ihre Alabaster- und Sandsteinquader wurden sorgfältig ins Fundament des von ihm erbauten dritten Pylons eingefügt.

Auch andere Bereiche des Tempelkomplexes hat Amenophis um- und ausgebaut. Er ließ Nebengebäude und viele Statuen errichten, dazu den grandiosen zehnten Pylon (siehe unten), vor dem zwei Kolossalstatuen des Königs standen. Eine davon war das größte Standbild, das je in Ägypten errichtet wurde.

Rekonstruktion des von Amenophis III. erbauten zehnten Pylons von Karnak.

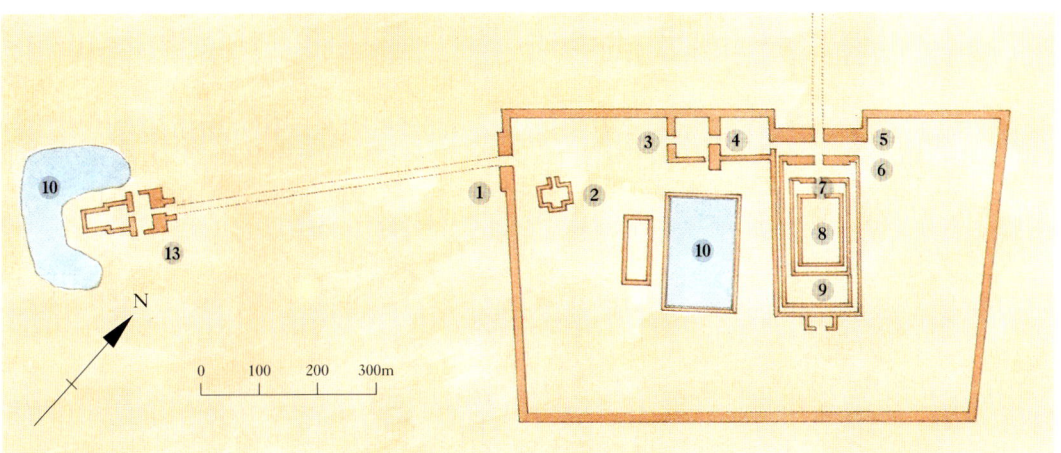

1   Zehnter Pylon (Amenophis III.;
   s. die Rekonstruktion ganz links)

2   Tempel des Sedfests (Jubiläumsfest
   des Königs; Amenophis II.)

3   Siebter Pylon (Thutmosis III.)

4   Achter Pylon (Hatschepsut)

5   Dritter Pylon (Amenophis III.)

6   Vierter Pylon (Thutmosis I.)

7   Fünfter und sechster Pylon
   (Thutmosis III.)

8   Tempelbauten des Mittleren
   Reichs

9   Gedenktempel für Thutmosis III.

10   Heiliger See

11   Hafen

12   Kaianlage für die heilige Barke des
   Amun

13   Muttempel

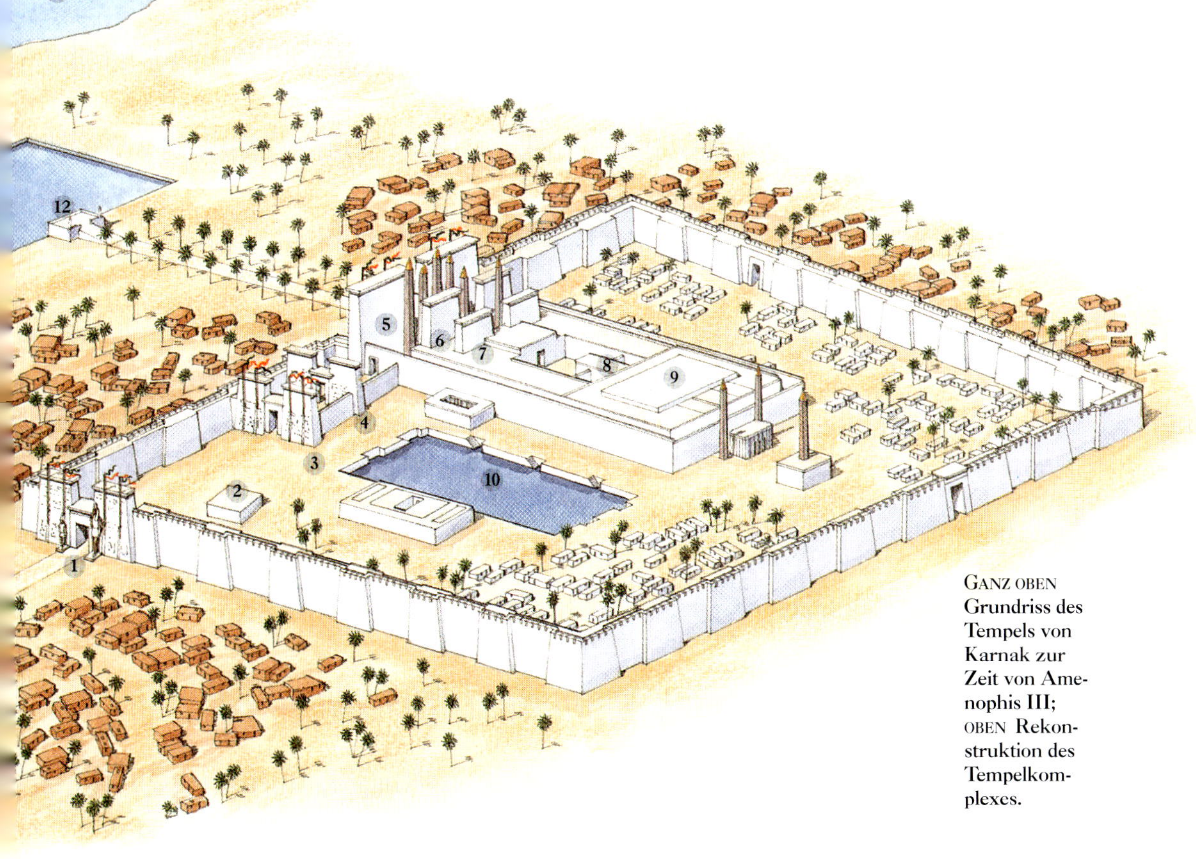

**GANZ OBEN**
**Grundriss des**
**Tempels von**
**Karnak zur**
**Zeit von Ame-**
**nophis III;**
OBEN **Rekon-**
**struktion des**
**Tempelkom-**
**plexes.**

# UNTER DEM GEIERFLÜGEL

## 3. UND 4. JAHR (UM 1389–1388 V. CHR.)

Obwohl der König erst 14 Jahre alt war, hatten die Arbeiten an seinem Grab bereits begonnen. Steinmetze trieben ihre Meißel in die Kalksteinfelsen des Westtals, einem engen Seitental des Tals der Könige in den Bergen hinter der Nekropole von Theben-West. Auch auf der anderen Seite des Nils, in Karnak, setzte Amenophis III. seine Bautätigkeit fort. Aus dieser Zeit stammt einer der ersten Tempelbauten des Königs, ein kleines Heiligtum für die Geiergöttin Nechbet, eine der wichtigsten Gottheiten seiner Regierungszeit. Es wurde in el-Kab erbaut, am Ausgang eines der Täler am Weg zu den Goldminen in der Arabischen Wüste.

Die Innenräume von Amenophis' Tempel für die Geiergöttin Nechbet sind geschmückt mit Reliefs, die den sitzenden König mit seinem Vater Thutmosis IV. zeigen. Stilistisch gehören die Szenen noch in die Zeit von Thutmosis. Amenophis ist in Begleitung von Nechbet, der Herrin von Oberägypten, und einer Himmelsgöttin dargestellt, die in Beziehung zu den Sonnengöttern Amun-Re und Re-Harachte steht.

Gemeinsam mit ihrer Schwestergottheit, der Kobragöttin Wadjit, war sie für den Schutz des Königs verantwortlich. Amenophis' Nebtiname, einer seiner fünf Königstitel (siehe Seite 35), der sich direkt auf diese beiden Göttinnen bezog, lautete »Semen-hepu, segerech-taui«, »Der die Gesetze dauern lässt und die Beiden Länder befriedet«. Die schützenden Flügel Nechbets erscheinen im religiösen wie im säkularen Kontext. So schmücken sie etwa die Decke im Schlafgemach des Königs (siehe Seite 135) und die Innenseite des Deckels seines Sarkophags (siehe Seite 88), um über ihn zu wachen, während er am verwundbarsten war – im Schlaf und schließlich im Tod.

Mit seinen Bauvorhaben drückte Amenophis III. vielen ägyptischen Stätten seinen Stempel auf. Er ließ Karnak, den alten Ägyptern unter dem Namen Ipet-sut, »gesegnetster aller Orte« bekannt, zu großen Teilen umgestalten. Nachdem er den Barkenschrein seines Vaters neben dem vierten Pylon vollendet hatte, wandte er sich der Ausrichtung des dem Amun-Re geweihten Tempelkomplexes zu. Offenbar ließ er sich dabei von den Vorstellungen seiner Ahnin Hatschepsut leiten, deren Regierungszeit hundert Jahre zurücklag. Sie hatte einen von Norden nach Süden verlaufenden Prozessionsweg bauen lassen, den Amenophis nun zwischen den Tempeln von Karnak und dem am Westufer von Theben gelegenen Luxor wiederherstellen ließ. Karnak erhielt dadurch wieder eine Nord-Süd-Ausrichtung statt der bisherigen Betonung der Ost-West-Achse. Nach dem Konzept des Königs entstanden auch in Luxor und an vielen anderen Orten des Reichs neue Tempelbauten.

Bei seiner Bautätigkeit ging es Amenophis nicht nur darum, kleinere Tempel durch monumentalere Konstruktionen zu ersetzen, sondern auch um eine Umgestaltung der Innenräume. Der beengte Eindruck früherer Bauten wich einem großzügigen Grundriss mit offenen Vorhöfen, umgeben von hohen, schlanken Säulen, die charakteristisch für den architektonischen Geschmack des Pharaos waren. Der so genannte Geburtsraum von Luxor wird als Vorläufer der Geburtshäuser (Mammisi) angesehen, die den späteren griechisch-römischen Tempeln angegliedert wurden.

Während seiner ersten Regierungsjahre ließ Amenophis auch einen Kalksteintempel in Heliopolis (Iunu) errichten, dem großen Kultzentrum des Sonnengottes in Unterägypten. Dieses Projekt war Teil einer systematischen Umgestaltung der ägyptischen Religionspolitik. Dem König schwebte ein großer Komplex prachtvoller neuer Tempel vor, in denen der thebanische Gott Amun als Sonnengott Amun-Re verehrt werden sollte. Auch die anderen Gottheiten wurden durch Hervorhebung ihrer entsprechenden Attribute zum Teil des Sonnenkults. Amenophis selbst galt als ihr irdischer Stellvertreter.

Statuette von Teje, der Großen königlichen Gemahlin von Amenophis III., mit Geiergewand und -perücke. Dies und die hohe doppelte Federkrone verweisen auf die geierköpfige Göttin.

# DER HORUS DES SÜDENS

## 5. JAHR (UM 1387 V. CHR.)

Im fünften Jahr seiner Regierung war Amenophis damit beschäftigt, einen Aufstand im tiefen Süden seines Reiches niederzuwerfen. Hier, wo sich der Atbara im Norden von Butana in den Nil ergießt, siegte der sechzehnjährige König im einzigen bedeutenden militärischen Konflikt seiner fast vierzigjährigen Herrschaft. Von Amenophis und seinem Vizekönig Merimes befehligte Truppen schlugen die rebellischen Armeen von Kusch, Irem, Tiurek und Weresch und machten 30 000 Gefangene. An den Sieg erinnern drei Stelen in Assuan und auf der sudanesischen Insel Sai; eine weitere undatierte und nur teilweise erhaltene Stele in Semna bezieht sich möglicherweise auf einen kleineren Feldzug in Ibhet, in der südöstlich des zweiten Katarakts gelegenen Wüste.

Die Situation im Süden des Reiches gut unter Kontrolle zu halten war nötig, um die Grenzen zu sichern und wichtige Handelsrouten zu schützen. Sechs Jahre nachdem sein Vater Thutmosis eine Rebellion im Süden unterbunden hatte, musste auch der junge Amenophis entschlossen reagieren. Auf der Siegesstele findet sich die offizielle Version des Feldzugs: »5. Regierungsjahr, 3. Monat der Überschwemmung, 2. Tag. Es kam Einer, um Seiner Majestät zu berichten: ›Der Abgefallene des elenden Kusch hegt eine Rebellion im Herzen.‹ Seine Majestät schritt voran zum Sieg, den Sie bei Ihrem ersten siegreichen Feldzug errang. Seine Majestät fiel über sie her wie der Flügelschlag des Falken, wie Month in seinen Erscheinungen … Icheni, der Prahler inmitten seiner Armee, wusste nicht, dass der Löwe sich vor ihm befand. Neb-maat-Ra, der grimmige Löwe, dessen Klauen das elende Kusch packten, der dessen Fürsten allesamt in ihren Tälern zertrampelte und sie in ihr eigenes Blut niederwarf, den einen auf den anderen.«

Der Tenor dieser Beschreibung lässt erkennen, wie die Feinde Ägyptens auch in der bildenden Kunst dargestellt wurden. Auf einer bemalten Truhe aus

Die Reliefs im
ägyptischen
Tempel von
Soleb im Oberen
Nubien (dem
heutigen Sudan)
enthalten Kar-
tuschen mit den
Namen der von
den Ägyptern im
Süden eroberten
Städte, Gebiete
und Völker. Zu
jeder Kartusche
gehört die Gestalt
eines aus der
genannten
Region stammen-
den Gefangenen
mit auf dem Rü-
cken gefesselten
Händen, hier
eines Nubiers.

dem Grab Tutanchamuns stapeln sich die Leiber von Feinden, die versuchen, ihrem drohenden Tod durch den Pharao zu entfliehen. Auf den König als Löwen spielt der winzige blaugoldene Votivkopf des königlichen Löwen an, dessen Zähne den Kopf eines Nubiers packen. Eine ähnliche Szene, auf der der Löwenkönig den Kopf eines Gegners aus Asien packt, findet sich auf den von Amenophis in Auftrag gegebenen Reliefs von Karnak.

Während die Vasallenstaaten im nordöstlichen Teil des Reichs von drei Gouverneuren regiert wurden, herrschte in Nubien der »Vizekönig von Kusch«, während der gesamten Regierungszeit von Amenophis ein bewährter Beamter namens Merimes, über eine Verwaltung im ägyptischen Stil. Sein Machtbereich umfasste das Obere und Untere Nubien, das südlich des zweiten Katarakts gelegene Kusch und das Land Wawat zwischen dem ersten und zweiten Katarakt.

## DIE SCHÄTZE DES SÜDENS

Ägypten hielt ein waches Auge auf seine südlichen Provinzen. Amenophis konnte sich darauf verlassen, dass Merimes, der bewährte Vizekönig von Kusch, auch zu militärischen Mitteln griff, um die wichtigen Handelswege zu schützen. Er selbst nahm an jenem »ersten siegreichen Feldzug« zum Schutz der Regionen teil, deren Gold- und Mineralienvorkommen Ägypten einen Großteil seines Reichtums verdankte.

Als »Vorsteher der Goldländer des Amun« war Merimes verantwortlich für die Goldförderung im Gebiet des heutigen Sudan. Dabei wurde in den Texten stets zwischen dem »Gold von Kusch« aus der Region zwischen dem zweiten und dritten Katarakt und dem »Gold aus Wawat« aus der Wüste im östlichen Nubien unterschieden. Dazu kam das Gold aus den Minen von Barra-mija östlich von Edfu in Oberägypten.

Im Gegensatz zum Gold wurden der grüne Malachit (Kupferkarbonat) und der grauschwarze Galenit (Bleiglanz) zwar auch in Ägypten selbst abgebaut, doch fanden sich diese wichtigen Mineralien auch im Süden: Malachit in der Arabischen Wüste und Galenit in der Region von Assuan.

Auf dem goldenen Sarkophag von Tuja kniet Isis auf dem Symbol für Gold. Das Edelmetall galt als Zeichen von Reichtum und Ansehen; seine üppige Verwendung im Grab Tujas und ihres Gatten Juja verweist auf deren königlichen Rang.

Schon seit dem Beginn des Alten Reiches rekrutierten die Ägypter nubische Söldner. Die Medjai aus der Wüste im Osten Nubiens dienten als Grenzpolizisten und Kundschafter. Auf Bildern sind häufig nubische Bogenschützen mit buntem Schurz dargestellt. Die Pharaonen bezeichneten ihre Nachbarn im Süden zwar oft als »elend« und »schändlich«, doch zwischen den Ägyptern und den im Lande lebenden Nubiern herrschten gute Beziehungen. Ein Beispiel dafür ist der königliche Beamte Maiherperi, Wedelträger zur Rechten des Königs und möglicherweise ein Mitglied seiner Leibgarde, der als »Zögling des Palastes« (siehe Seite 24) aufgewachsen war. Sein Grab wurde unversehrt im Tal der Könige gefunden. Man weiß nicht genau, welchem König er diente, doch seine Grabausstattung verweist auf die 18. Dynastie. Die natürlich dunkle Haut und die aus dem eigenen krausen Haar geflochtene Perücke seiner Mumie lassen seine nubische Herkunft erkennen; auf den Papyri in seinem Grab ist er mit schwarzer Haut und derselben Frisur abgebildet. Pfeile in einem Lederköcher und eine Kiste mit ledernen Lendenschurzen verweisen auf seinen soldatischen Beruf.

Ägyptische Offiziere bewachen eine Schar nubischer Gefangener, die von einem Schreiber gezählt werden. Ausschnitt aus einem Relief im Grab des Generals Haremhab in Sakkara vom Ende der 18. Dynastie.

Der Sandsteintempel von Soleb, wo Amenophis III. als »Neb-maat-Ra, Herr Nubiens« verehrt wurde.

# HERR ALLER PRIESTER

Anen, der Bruder von Königin Teje, wurde von Amenophis III. zum Zweiten Priester des Amun ernannt. Statue aus schwarzem Granit.

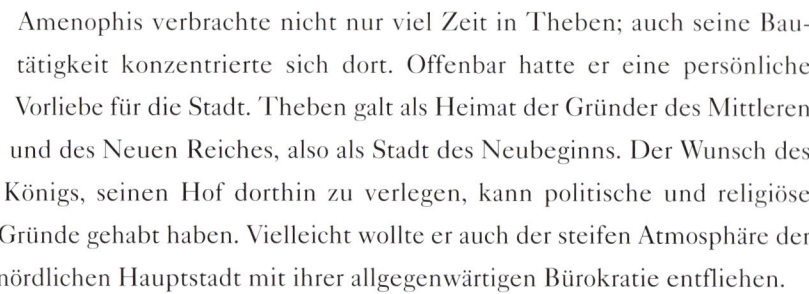

### 6. JAHR (UM 1386 V. CHR.)

Schon in den ersten Jahren seiner Regierung trug Amenophis III. sich mit dem Gedanken, seine Hauptresidenz aus Memphis, der traditionellen Hauptstadt, in das weiter südlich im ariden Oberägypten gelegene Theben zu verlegen. Vermutlich hielt er es für angebracht, mehr im Zentrum des riesigen Reiches zu residieren, denn Nubien, das sich bis weit in den heutigen Sudan hinein erstreckte, hatte dieselbe Größe wie Ägypten. Aber auch andere Überlegungen dürften eine Rolle gespielt haben.

Amenophis verbrachte nicht nur viel Zeit in Theben; auch seine Bautätigkeit konzentrierte sich dort. Offenbar hatte er eine persönliche Vorliebe für die Stadt. Theben galt als Heimat der Gründer des Mittleren und des Neuen Reiches, also als Stadt des Neubeginns. Der Wunsch des Königs, seinen Hof dorthin zu verlegen, kann politische und religiöse Gründe gehabt haben. Vielleicht wollte er auch der steifen Atmosphäre der nördlichen Hauptstadt mit ihrer allgegenwärtigen Bürokratie entfliehen.

Dem jungen König, der bereits zu erkennen gegeben hatte, dass er den Status quo in Frage stellen wollte, muss klar gewesen sein, dass dies einen Konflikt mit den auf ihre Macht bedachten Amunpriestern des Tempels von Karnak bedeutete. Theben wäre also der richtige Ort gewesen, um die Lage im Griff zu haben. Im Verlauf der 18. Dynastie hatte die Priesterschaft des Amun zunehmend an Einfluss gewonnen. Ihr Reichtum und ihre Macht waren inzwischen fast so groß wie die des Königs. Sogar bei der Bestimmung des Thronerben hatten die Priester von Karnak eine entscheidende Rolle gespielt, bis Thutmosis IV. sich dazu entschlossen hatte, seine eigene Thronbesteigung auf die Intervention des Sonnengottes zurückzuführen.

Dieser raffinierte Schachzug von Thutmosis erlaubte es seinem Sohn Amenophis, den begonnenen Veränderungsprozess fortzusetzen. Ame-

nophis tat dies schrittweise und mit diplomati-
schem Geschick. Wie sein Vater und sein
Großvater förderte er den Sonnenkult. Dabei
verfolgte er eine systematische Religionspolitik, die darauf abzielte, das ägyptische
Pantheon umzustrukturieren, indem die Sonnenattribute der einzelnen Götter hervorgehoben wurden. Auch die traditionelle Architek-
tur und der Schmuck der ägyptischen Tempel
veränderten sich. Hohe religiöse Ämter besetzte Amenophis mit seinen Vertrauten, um
die Priesterschaft von innen her im Auge zu behalten.

Nur wenig zeugt
noch von der
Größe der tradi-
tionellen ägypti-
schen Haupt-
stadt Memphis.
Die Kapitelle
diser Tempel-
säulen zeigen
den Kopf der
Göttin Hathor.

Obgleich der König aus praktischen Gründen gezwungen war, seine religiösen Pflichten an einzeln ernannte Hohepriester zu delegieren, war er theoretisch
der höchste Priester Ägyptens, der Mittler zwischen allen Göttern und seinem
Volk. Diese Rolle spielt er auf vielen Darstellungen, auf denen er *Maat*, das
Zeichen für Wahrheit und Ordnung, an die Götter zurückreicht, um diese zu
ehren, aber auch, um seinen Herrschaftsanspruch zu demonstrieren.

Es war ein unerhörter Vorgang, dass Amenophis III. seinen engsten Vertrauten und Namensvetter Amenophis, Sohn des Hapu, in eine zentrale religiöse Machtposition manövrierte. Er ließ überall im Amuntempel Statuen des
Schreibers aufstellen und übertrug diesem Befugnisse, die fast seinen eigenen
gleichkamen. So besagt die Inschrift auf den Statuen, Amenophis, Sohn des
Hapu, werde selbst bei Amun Fürsprache für alle einlegen, die ihn darum baten.
Damit diente der Vertraute des Königs, der selbst kein Mitglied der Priesterschaft war, in dessen Namen als Mittler zwischen dem Volk und den Göttern.
Die Amunpriester wurden schlichtweg übergangen.

Seinen Schwager Anen ernannte Amenophis zum Zweiten Priester des
Amun in Karnak, wodurch der Bruder der Teje direkt hinter dem Hohepriester
des Amun rangierte. Eine eindrucksvolle Granitskulptur (siehe links) stellt
Anen im Priestergewand dar. Den goldenen Gürtel um seinen langen Leinen-
schurz schmückt der Name des Königs. Um die Schulter trägt er als Zeichen seiner Würde ein Leopardenfell, dessen Sternenschmuck auf seine Funktion als
Tempelastronom hindeutet. Als enger Verwandter des Königs war Anen der
erste Priester in Theben, der den Titel »Großer der Schauenden« innehatte. Bis
dahin hatten ihn nur die Priester des Re in Heliopolis getragen.

# DIE DIENER DES AMUN

Ptahmose, den dieses Uschebti darstellt, hatte verschiedene Ämter unter Thutmosis III. inne, darunter das des Hohepriesters des Amun.

In seiner Funktion als Pharao war Amenophis III. zwar der einzige irdische Mittler zwischen den Göttern und seinem Volk, doch delegierte er dieses Amt aus praktischen Gründen an die Hohepriester der einzelnen Gottheiten. Die mächtigste dieser Gottheiten war in der 18. Dynastie der Reichsgott Amun, der in Verbindung mit dem alten Sonnengott Re zu Amun-Re, dem König der Götter geworden war. Der Hohepriester des Amun trug den Titel »Erster Priester [oder Prophet] des Amun« und wurde in seinem Amt vom Zweiten, Dritten und Vierten Priester unterstützt.

Der Zweite Priester war für die ökonomischen Angelegenheiten des Tempels verantwortlich. Dieses Amt übertrug Amenophis aus guten Gründen seinem Schwager Anen, der außerdem folgende Titel innehatte: »Vorlesepriester, der den Zustand des Himmels kennt, der Große der Schauenden im Großen Haus, Sem-Priester im südlichen Heliopolis [Theben], der die Opfergaben an den Platz gibt, an den sie gehören, und die Götter mit seiner Stimme besänftigt«. Die Sem-Priester vollzogen während der Begräbniszeremonien das Mundöffnungsritual und waren die ersten Priester mit dem Recht, ein Leopardenfell zu tragen, wie an Anens Granitstatue zu sehen (siehe Seite 50).

## DIE HOHENPRIESTER

Nur den Hohepriestern war erlaubt, vor die Götter in ihren Schreinen zu treten – ein Amt, das sie im Namen des Pharaos jeden Morgen und Abend ausführten. Zur Begleitung von Musik und Gesang legten sie vor den Götterbildern wohlschmeckende Speisen, Wein, Räucherwerk, parfümiertes Öl, Salben und Leintücher nieder. Nach dem Opfer zog der Hohepriester sich in Wolken aus Weihrauch zurück, wobei er sorgsam seine Fußspuren wegfegte, um die Reinheit des Schreins wiederherzustellen.

Als Amenophis den Thron bestieg, wurde das Amt des Hohepriesters des Amun von Ptahmose ausgeübt. Er trug den Titel »Domänenvorsteher des Amun« und war als oberster Priester des ägyptischen Reichsgottes »Vorsteher aller Priester von Ober- und Unterägypten«. Weltlichere Ämter hatte Ptahmose unter anderem als »Vorsteher aller Arbeiten« des Königs, Bürgermeister von Theben und königlicher Wedelträger inne.

Im 20. Regierungsjahr war das Amt des Hohepriesters auf Meriptah übergegangen, den »Vorsteher der Priester aller Götter«. Den Titel »Domänenvorsteher des Amun« trug nun Sobeknacht.

Der Dritte Priester des Amun zur Zeit von Amenophis hieß Amenemhet. Vierter Priester, Schatzhausvorsteher und »Siegler jedes Vertrags in Karnak« war Samut, bis er nach dem Tod Anens im 30. Regierungsjahr dessen Amt übernahm.

Die ägyptischen Priester wurden als *hem netjer* bezeichnet, wörtlich »Diener des Gottes«. Amun hatte eine wahre Armee solcher Diener, die alle rituell rein (wab) sein mussten. Sie badeten täglich viermal im Tempelsee, entfernten ihr Körperhaar und trugen reine Leinengewänder. »Vorlesepriester« *(heri heb)* waren für das Vorlesen der Rituale aus den heiligen Schriften verantwortlich. »Stundenpriester« wie der Astronom Nacht beobachteten den Himmel, um den richtigen Zeitpunkt für Rituale und Feste zu bestimmen.

Rituelle Musik- und Tanzvorführungen waren die Aufgabe aus vornehmen Familien stammender Frauen, zu denen auch Tuja, die Schwiegermutter des Königs, in ihrer Funktion als Sängerin und »Oberste Harimsdame des Amun« gehörte. Um die gewaltigen Mengen an Blumen, die bei den Ritualen geopfert wurden, kümmerten sich Männer.

Um immer genug Blumen, Getreide und Opferrinder zu Verfügung zu haben, besaß der Amuntempel große landwirtschaftliche Domänen in ganz Ägypten. Diese Landgüter waren ein wichtiges Element der ägyptischen Wirtschaft. Hebi, der Bürgermeister von Memphis, war gleichzeitig »Aufseher der beiden Kornspeicher des Amun« in den Gauen Unterägyptens und damit einer von vielen Beamten, die sowohl weltliche wie religiöse Ämter innehatten. Sein Amtskollege im Süden hieß Amenophis. Die Schreiber Nebamun und Neferhotep waren »Kornzähler des Amun«, der Wab-Priester Pairi »Vorsteher der Bauern des Amun«. Aus den Domänen des Gottes stammte nicht zuletzt die riesige Menge an Rindern, die von den Tempelschlächtern für das Opfer vorbereitet wurden.

Der Tempel nahm zudem die Dienste einer großen Schar von Handwerkern in Anspruch. In den Werkstätten arbeiteten Männer wie Hui, »Bildhauer des Amun«, und Amenophis, »Vorsteher der Handwerksarbeiten des Amun«. Andere »Diener des Amun« verbanden ihr religiöses Amt mit einem militärischen Beruf. So war Wesi, der Vorsteher der königlichen Bogenschützen, außerdem Standartenträger der Barke *Antlitz der Schönheit des Amun*, die bei der Prozession die Statue des Gottes trug.

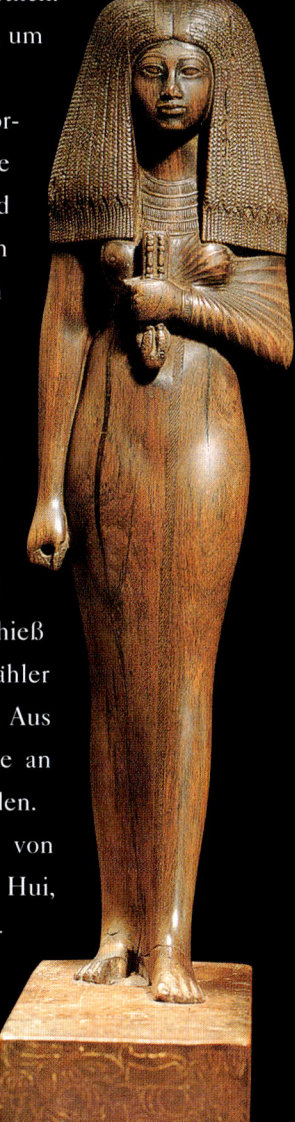

Statuette von Tuja, der Mutter von Königin Teje, als Priesterin. In der Hand hält sie den Menit-Halsschmuck, ein Zeichen ihres heiligen Amtes.

# NEUER SCHMUCK
# FÜR IPET-SUT

## 7. JAHR (UM 1385 V. CHR.)

Um den Tempel von Karnak (Ipet-sut) nach seinen Vorstellungen zu verschönern, ließ Amenophis III. ältere Bauten abbrechen und deren Steinquader in den dritten Pylon einbauen, den er anstelle eines alten Hofes errichten ließ. Die Arbeit an diesem Pylon begann nach dem fünften Regierungsjahr, die Reliefs der Ostfassade wurde erst später vollendet.

An der Ostmauer des von Amenophis errichteten dritten Pylons in Karnak ist dieses heute kopflose Relief des Königs (rechts) erhalten geblieben.

In einer Inschrift bezeichnet Amenophis seinen Pylon als »ein neues Denkmal für Amun, ein sehr großes Tor vor Amun-Re, dem Herrn der Throne der Beiden Länder, ganz mit Gold bedeckt und geschmückt mit dem gemeißelten Bild des Gottes als Widder, eingelegt mit echtem Lapislazuli und verziert mit Gold und kostbaren Steinen. Dergleichen hat man nie zuvor geschaffen. Es ist gepflastert mit reinem Silber; an beiden Seiten des äußeren Tores stehen Stelen aus Lapislazuli. Seine beiden Seiten reichen empor in den Himmel wie die vier Pfeiler des Himmels. Seine mit Gold verzierten Fahnenmasten streben gen Himmel. Das Gold dafür hat Seine Majestät aus dem Lande Karai mitgebracht, bei Ihrem ersten siegreichen Feldzug, bei dem Sie das elende Kusch schlug.«

Auch eine neue Barke für die Kultstatue des Amun gab Amenophis in Auftrag. Sie diente dazu, das Götterbild bei der Prozession zum Nil und hinüber zum Westufer zu transportieren. Eine Inschrift im Totentempel des Königs in Kom el-Hetan berichtet, sie sei »aus neuem Zedernholz, das auf meinen Befehl

hin im Libanon gefällt und von den Fürsten aller fremden Länder aus den Bergen von Retenu geschleppt wurde. Sie ist sehr groß und breit; dergleichen wurde noch nie geschaffen. Sie ist ausgekleidet mit reinem Silber und enthält einen großen Schrein aus Gold. […] Von vollkommener Schönheit ist sie. Die Seelen von Buto bejubeln sie und die Seelen von Nechen preisen sie und die göttlichen Sängerinnen singen von ihrer Schönheit. Sie lässt das Wasser erglänzen wie Aton im Himmel bei seiner Überfahrt beim Opetfest, und wenn sie zum Westen der Millionen Jahre [dem Westufer von Theben] übersetzt.«

Zahllose Handwerker arbeiteten an der Verschönerung des Tempels von Karnak und anderer Bauvorhaben des Königs. Dieses Fragment einer Wandszene stellt einen etwas ungepflegt aussehenden Zimmermann bei der Arbeit dar.

Inzwischen hatte Amenophis begonnen, sich deutlicher von seinem Vater Thutmosis IV. abzusetzen, was an dem veränderten Stil der vom Hof in Auftrag gegebenen Monumente sichtbar wird. Die Künstler und Handwerker, die das eindrucksvolle künstlerische Erbe Ägyptens schufen, signierten ihre Werke zwar nicht, weshalb man meist nichts über sie weiß. Aus der Regierungszeit von Amenophis III. sind jedoch einige der wichtigsten Namen bekannt.

Die Zwillingsbrüder Suti und Hor waren Architekten und trugen den Titel »Vorsteher der Bauarbeiten des Amun«. Über ihr Schaffen in den Tempeln von Karnak und Luxor berichtet eine Stele mit einer frühen Hymne an Aton. Auf ihr sprechen die Brüder im Chor zu Amun: »Ich war Vorsteher der Bauarbeiten in deinem Heiligtum, für dich errichtet von deinem geliebten Sohn Neb-maat-Ra, dem Leben gegeben sei. […] Doch mein Bruder, mein Ebenbild, dem ich vertraue, kam gemeinsam mit mir aus dem Mutterleib am selben Tage. Im südlichen Ipet [Luxor], als ich Verantwortung fürs Westufer trug, trug er Verantwortung fürs Ostufer. Wir überwachten die großen Bauten von Ipet-Sut am vorderen Ende von Theben in der Stadt Amuns.«

Den Titel »Meister der Bauarbeiten und oberster Bildhauer« hatte der Beamte Men inne. Ihm folgte sein Sohn Bak, der Echnaton diente. Eine Felsstele in Assuan zeigt Men, wie er einer Statue von Amenophis III. Opfer darbringt. Sie trägt die Bezeichnung »König der Könige, mächtiger Herr« und ist einer der beiden Memnonskolosse, deren Errichtung Men in späteren Jahren überwachte.

# DER SOHN DER GÖTTER

## 8. UND 9. JAHR (UM 1384–1383 V. CHR.)

In Sumenu (el-Riziquat) ließ Amenophis einen großen Tempel für den Krokodilgott Sobek errichten, der als »Herr von Bachu« (des Horizonts) verehrt wurde. Eine schöne Doppelskulptur stellt den krokodilköpfigen Gott dar, wie er, prachtvoll gekrönt auf seinem Thron sitzend, den Arm um den neben ihm stehenden König legt. Amenophis III. bemühte sich zunehmend, die Beziehungen zwischen den Göttern und dem Königshaus hervorzuheben, wobei Re, Sobek, Hathor und die Himmelsgöttin Nut ihm wohl besonders am Herzen lagen. Durch die Verbindung mit diesen Gottheiten konnte er seine königliche Macht demonstrieren.

Die als »schwimmendes Mädchen« bekannte weibliche Gestalt, die den Griff dieses Holzlöffels aus der 18. Dynastie bildet, wird neuerdings als Darstellung der Himmelsgöttin Nut interpretiert.

Wenn Amenophis zahllose Statuen zu Ehren der Götter und Göttinnen errichten ließ, so nicht zuletzt, um seinen Namen durch die Verbindung mit dem ihren zu glorifizieren. Die Skulpturen trugen Inschriften, auf denen der König als »Neb-maat-Ra, geliebt von« der jeweiligen Gottheit bezeichnet wurde. Sein göttlicher Status wurde dadurch bestätigt. In den Tempeln des ganzen Reiches standen diese Götterbilder neben Statuen des Königs selbst, um die Einheit der Gottheiten auszudrücken, zu denen Amenophis als ihr Sohn gehörte.

Dass Amenophis zur Götterschar gehörte, wurde auch dadurch hervorgehoben, dass alle Statuen die charakteristischen Gesichtszüge des Königs trugen. Die innige Beziehung zwischen dem Herrscher und seinen göttlichen Müttern

Der Krokodilgott Sobek umarmt mit väterlicher Geste Amenophis III. und hält ihm das Anch-Zeichen – das Symbol des Lebenshauches – ans Gesicht. Lebensgroße Skulptur aus Alabaster.

und Vätern wurde so konkret erkennbar. Der begleitende Text verstärkte die visuelle Botschaft, indem er den König gelegentlich als »lebendes Ebenbild« der betreffenden Gottheit bezeichnete.

Die prachtvoll geschmückten Tempel ließ Amenophis nicht nur mit rituellem Mobiliar ausstatten; er stellte auch die Mittel für die nötigen Opfergaben zur Verfügung. Als pflichtbewusster Sohn zeigte der König sich unglaublich großzügig gegen seine göttlichen Eltern. So konnte er bezüglich der Opfer für

Einer der Lieblingsgötter von Amenophis III. war Thot, den diese Quarzitstatue in Form eines Pavians darstellt. Am Boden hockend, ist der Gott bereit, die aufgehende Sonne zu begrüßen.

den großen Amun von sich sagen: »Ich habe ihm tausende von Rindern zugewiesen, um für erlesene Stücke Fleisch zu sorgen.« In Karnak, wo Amenophis Amun als Amun-Re verehrte, trägt die Statue des Gottes die gütigen Gesichtszüge des Königs.

In Heliopolis dienten die Hohepriester des Re dem Sonnengott, und in Memphis leiteten die Hohepriester des Ptah, des »Herrn der Maat, mit dem lieblichen Antlitz«, den Kult des Schöpfergottes, dem der König mit seinen gewaltigen Bauprojekten nacheiferte. Vier monumentale Quarzitfiguren von Thot, die in dessen Kultzentrum Hermopolis (Ashmunein) errichtet wurden, zeugen von der Verehrung, die Amenophis dem Gott der Weisheit und der Schrift entgegenbrachte. Die Statuen zeigen Thot in der Form des potenziell aggressiven Pavians, der als heiliges Tier mit der aufgehenden Sonne und dem Sonnenkult assoziiert wurde, als Thot jedoch auch mit dem Mond.

Dass Amenophis die Beziehung der Götter zur Sonne und zu seinem eigenen Thron in den Mittelpunkt rückte, verweist auf eine neue, systematische Haltung gegenüber den unzähligen Gottheiten des ägyptischen Pantheons. Die Funktionen und Eigenschaften der einzelnen Götter wurden deutlicher sichtbar. Während in den großen Tempeln Ägyptens die Bilder der mächtigen Reichsgötter verehrt wurden, schützten weniger formelle Darstellungen anderer Gottheiten den Haushalt. Sie schmückten Palastwände, Gebrauchsmöbel und kosmetische Utensilien. Besonders populär waren Bilder des zwergengestaltigen Gottes Bes und der Nilpferdgöttin Toëris.

Besonders auffällig ist die Verehrung, die der König weiblichen Gottheiten entgegenbrachte, wovon die große Zahl der in seiner Regierungszeit entstandenen weiblichen Statuen zeugt. Das Grundelement der königlichen Macht war das Recht zu herrschen, symbolisiert von der Göttin Maat, der Tochter des Sonnengottes. Sie verkörperte Ordnung und Harmonie. Abgesehen davon erscheint der König auf Bildern häufig in weiblicher Begleitung. Umgeben von den weiblichen Mitgliedern seiner Familie und den Frauen seines Hofes, ist er das männliche Element im Zentrum einer weiblichen Welt.

In der beschützenden weiblichen Atmosphäre spiegelt sich der Schutz, den zwei weibliche Gottheiten, die Geiergöttin Nechbet und die Kobragöttin Wadjit, dem König zu allen Zeiten gewährten. Beide stehen in enger Beziehung zur Sonne. Die wichtigste Göttin zur Zeit Amenophis' III. war jedoch Hathor, die Göttin der Liebe. Ihr Bild war eng mit dem des Sonnengottes verbunden. Sie war seine Mutter, Gemahlin und Tochter wie auch, als Auge des Re, die Beschützerin des Gottes. Ihr Name »Hut-Hor« bedeutet »Haus des Horus« und kann als der Mutterbauch gedeutet werden, der den König als Verkörperung des Horus umgeben hatte.

Hathor wurde meist in ihrer wohlwollenden Form als schöne Frau oder gütige Kuhgestalt dargestellt, doch hatte sie auch eine zerstörerische Seite. Dieser zornvolle Aspekt wurde von der Löwengöttin Sachmet verkörpert. Den alten Ägyptern war die weibliche Fähigkeit, unter Bedrohung Zuflucht zu Aggression und Gewalt zu nehmen, wohl bekannt. So brachte die blutrünstige Sachmet, »die Mächtige«, Zerstörung mit sich und verkörperte als Kriegsgöttin auch die überragende Tapferkeit des Pharaos in der Schlacht. Man glaubte, in ihrer Löwengestalt habe Hathor-Sachmet einst im Auftrag von Re, der zornig über den mangelnden Respekt der Menschen war, Angst und Schrecken über die Menschheit gebracht. Durch die aggressive Vitalität der Göttin erhielt der König die Kraft, ein dynamischer Herrscher seines Volkes zu sein.

Es wird davon ausgegangen, dass Amenophis während seiner Regierungszeit hunderte schwarzer Granitstatuen der Göttin Sachmet errichten ließ. Sie finden sich im Umkreis des Muttempels von Karnak und seines eigenen Totentempels in Kom el-Hetan am Westufer von Theben. Vielleicht sollten die Statuen einen riesigen Kalender darstellen, sodass jeden Tag des Jahres ein anderes Bild verehrt werden konnte. Gleichzeitig hätten sie dann auch die 365 Aspekte der Göttin dargestellt.

Die Himmelsgöttin Nut findet sich besonders oft als kleinformatige Darstellung. Dazu gehören wohl auch die berühmten Löffel, deren Griff eine lang gestreckte, nackte weibliche Gestalt bildet, das so genannte »schwimmende Mädchen« (Abbildung auf Seite 56). Früher hielt man die Löffel nur für hübsche kosmetische Utensilien, heute neigt man zu der Ansicht, dass es sich bei der weiblichen Gestalt um die große Himmelsgöttin handelt, deren Körper sich über den Himmel spannt.

Der Name Amenophis III. prangt auf diesem bronzenen Gegengewicht eines Menit, des großen, mit Perlen verzierten Halsschmucks, den die Priesterinnen der Hathor anlegten oder in der Hand trugen.

# EHRE DEM ATON

Indem er die religiöse Ideologie seines Hofes zunehmend auf den Sonnenkult hin ausrichtete, setzte Amenophis die Politik seines Vaters fort. War aus dem Reichsgott Amun im Neuen Reich durch die Vereinigung mit dem Sonnengott Ägyptens höchste Gottheit Amun-Re entstanden, so erhielt das Bild der Sonne nun eine noch größere Bedeutung. Aton, die Sonnenscheibe, wurde jetzt als Gottheit verehrt.

Hinweise auf Aton finden sich erstmals um 1950 v. Chr, also im Mittleren Reich, und schon in den ersten Jahren der 18. Dynastie wurde der regierende König mit Aton verglichen. In seiner bekannten Form als mit der königlichen Uräusschlange geschmückte Scheibe, deren Strahlen in Händen mit dem Anch-Zeichen enden, erscheint Aton zum ersten Mal auf einer Stele, die Amenophis II., der Großvater von Amenophis III., in Gisa errichten ließ. Den Sohn Amenophis' II., Thutmosis IV., bezeichnen Inschriften als »Herrn dessen, was

Ein Pektoral (Brustschmuck) aus dem Grab des Hatiai, Vorsteher des Kornspeichers im königlichen »Haus des Aton« in Theben. Das Schmuckstück ist aus vergoldetem Holz. Auf der hier gezeigten Rückseite wird der eingesetzte Skarabäus von den knienden Gestalten der Schutzgöttinnen Isis und Nephthys flankiert.

Aton umkreist« (siehe Seite 16), und auf einer der Inschriften, die sich auf die militärischen Erfolge von Thutmosis beziehen, erscheint Aton statt des Gottes Amun. Während seiner gesamten Regierungszeit machte Thutmosis deutlich, dass er nicht nur dem Amun, sondern auch dem Sonnengott ergeben war – eine Politik, die sein Sohn Amenophis III. später weiterverfolgen sollte.

Schon durch die Wahl seiner Namen und Attribute verdeutlichte Amenophis III. öffentlich seine Beziehung zur Sonne. Stolz verkündete er immer wieder, er sei vom Sonnengott erwählt worden und als dessen Ebenbild erschienen. So schätzte er auch besonders die Anrede »Aton-Tjehen«, wörtlich »leuchtende Sonnenscheibe«. Diesen Namen trugen auch eine Kompanie der königlichen Truppen und die Reichsbarke (siehe Seite 128–133). Der Palast selbst trug den Namen »Strahlenglanz des Aton«.

Die Verehrung des Sonnengottes verbreitete sich mit der Zeit in ganz Ägypten. So hat selbst der berühmte Große Hymnus aus der Zeit Echnatons, des Nachfolgers von Amenophis III., einen Vorläufer in einer älteren Hymne. Entdeckt wurde diese auf der Stele der Zwillingsbrüder Suti und Hor, die Amenophis als Architekten dienten: »Ehre sei dir, Aton des Tages, Schöpfer all dessen, was allen Dingen das Leben gibt! […] Schöpfer des Reichtums der Erde, Chnum und Amun der Menschheit, der die Beiden Länder ergriff im Großen wie im Kleinen, gütige Mutter der Götter und Menschen, der Handwerker mit dem geduldigen Herzen, […] Schäfer, der seine Herde hütet, deren Zuflucht sie erhält, […] Chepri von edlem Geblüt, der seine Schönheit im Leibe Nuts erhebt, der die Beiden Länder mit seinem Licht erleuchtet. Ältester der Beiden Länder, der sich selbst geschaffen hat, der alles sieht, was er schuf, er allein. […] In den Himmel steigend in der Gestalt Res, erschafft er die Jahreszeiten mit den Monaten, die Hitze nach seinem Wunsch, die Kälte nach seinem Wunsch; er ergreift die Körper und umarmt sie; alle Länder freuen sich, wenn er erscheint, und jeder Tag verkündet sein Lob.«

Während der langen Herrschaft von Amenophis III. nahm die Bedeutung Atons ständig zu. Im letzten Jahrzehnt seiner Regierungszeit bezeichnete der König sich sogar offiziell als Sonnengott Aton (siehe Seite 154). Der Aton-Kult sollte dann unter dem Nachfolger Amenophis' III., Echnaton, in der Amarna-Religion seine Radikalisierung erfahren. Die anderen Götter des ägyptischen Pantheons – gerade auch Amun –, die einen zunehmenden Bedeutungsverlust hinnehmen mussten, wurden während dieser Periode völlig aus dem Weltbild verbannt. Dies war ein zentrales Ereignis in der Geschichte des Neuen Reiches.

# DER GRIMMIGE LÖWE

## 10. JAHR (UM 1382 V. CHR.)

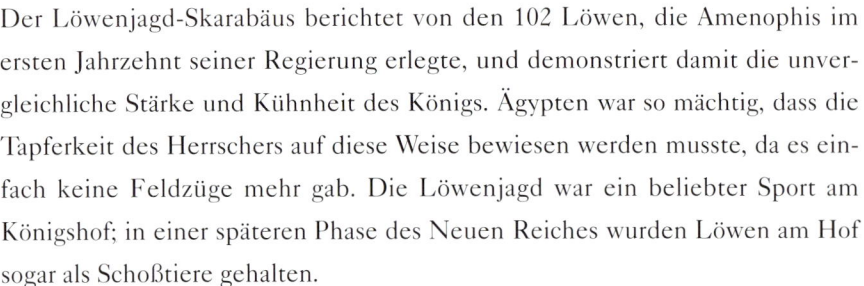

Zum zehnten Jahrestag seiner Thronbesteigung ließ Amenophis zwei Gedenk-Skarabäen verbreiten. Das Reich war so gut verwaltet, dass der König sich kaum militärischer Erfolge rühmen konnte. Stattdessen preist der erste Skarabäus sein Geschick bei der Löwenjagd. Der zweite Skarabäus verkündet ein bedeutendes Ereignis von außenpolitischer wie persönlicher Bedeutung: die Hochzeit von Amenophis und Prinzessin Giluchepa, der Tochter von König Sutarna II., dem Herrscher des mächtigen syrischen Staates Mitanni. Giluchepa, die erste von mehreren ausländischen Bräuten, traf mit einem Gefolge von 317 Frauen in Ägypten ein – laut ihrem Bräutigam ein »Wunder«.

Ober- und Unterseite eines der »Löwenjagd-Skarabäen« aus dem 10. Regierungsjahr. Als eine Art königlicher Bekanntmachung ließ Amenophis sie im ganzen Reich verbreiten. Nach den Titeln von König und Königin verkündet die Inschrift: »Die Zahl der Löwen, die Seine Majestät mit Ihren eigenen Pfeilen vom 1. bis zum 10. Jahr erlegte: 102 wilde Löwen.«

Der Löwenjagd-Skarabäus berichtet von den 102 Löwen, die Amenophis im ersten Jahrzehnt seiner Regierung erlegte, und demonstriert damit die unvergleichliche Stärke und Kühnheit des Königs. Ägypten war so mächtig, dass die Tapferkeit des Herrschers auf diese Weise bewiesen werden musste, da es einfach keine Feldzüge mehr gab. Die Löwenjagd war ein beliebter Sport am Königshof; in einer späteren Phase des Neuen Reiches wurden Löwen am Hof sogar als Schoßtiere gehalten.

Eine Seltenheit ist der Löwenjagd-Skarabäus selbst heute nicht; in Ägypten und anderswo sind insgesamt 123 Exemplare aufgetaucht. Bei Grabungen wurden Exemplare zum Beispiel im weit entfernten Lachish (an der levantinischen Küste im heutigen Libanon) und sogar jenseits der Grenzen des Reiches auf Zypern gefunden. Der Verweis auf die »eigenen Pfeile« des Königs bezieht sich auf Amenophis' Begeisterung für das Bogenschießen. Seinen aus schön ge-

schmücktem rotem Leder gefertigten Hand-
gelenkschutz hat man in seinem Grab
entdeckt (Abbildung auf Seite 38).
Der Löwe selbst war immer ein
Symbol des Königtums. So wird
Amenophis auf mehreren Inschriften als »Neb-maat-Ra, der grimmige Löwe«,
»mächtiger Löwe« und »Löwe unter den Herrschern« bezeichnet. Zudem finden sich mehrere Tempel- und Palastreliefs, auf denen er als Sphinx seine
Feinde in den Staub tritt. Andere Darstellungen des Königs in Gestalt des
mythischen Löwen mit Menschenantlitz reichen von monumentalen Skulpturen aus rotem Granit und Sandstein bis zu kleinen Fayence-Figuren. Eine später entstandene Zeichnung auf einem satirischen Papyrus zeigt einen Löwen,
der mit einer kleinen Gazelle beim Brettspiel Senet sitzt, was von der Forschung oft als verschlüsselte Darstellung eines Pharaos gedeutet wird, der sich
mit einem hübschen Mitglied seines Harims vergnügt (siehe Seite 28). An-
sonsten waren Löwendarstellungen ein beliebtes dekoratives Element, das sich
auf so verschiedenen Dingen wie Schminktöpfchen, Votivobjekten, Schmuck-
stücken und Möbeln findet. Auch als Amulett schätzte man den Löwen sehr.
Nach der ägyptischen Überlieferung war der Löwe ein Geschöpf der Sonne.
Weil die Löwen am Rande der Wüste lebten, glaubte man, sie seien die

Einer von zwei
monumentalen
Löwen aus
rotem Granit, die
einst den Tempel
von Soleb im
Sudan bewach-
ten. Errichtet
von Ameno-
phis III., waren
sie ihm selbst als
Neb-maat-Ra,
dem gottgleichen
Herrn Nubiens,
geweiht.

Wie sein Groß-
vater war Ame-
nophis III. ein
begeisterter
Wagenlenker und
Bogenschütze.
Dieses Relief von
einer Stele seines
Totentempels
zeigt ihn auf
seinem Streit-
wagen, bewaffnet
mit Pfeil und
Bogen. Auf den
Rücken der
Pferde sitzen vier
gefesselte nubi-
sche Gefangene;
zwei weitere
werden von den
Rädern des
Wagens zer-
malmt.

Wächter des Horizonts, dort wo die Sonne auf- und unterging. Der Löwen-
gott Aker bewachte die westliche und östliche Grenze der Unterwelt, also
die Tore des Reiches, durch die die Sonne jede Nacht hindurchwanderte.
Aker wurde oft in Form von zwei sich den Rücken zukehrenden Löwen
dargestellt, von denen der eine der untergehenden, der andere der aufgehenden Sonne entgegenblickte – den Löwen von gestern und morgen. Auch
von der Sonne selbst finden sich gelegentlich Darstellungen in Löwenform
als »Löwe des Re«.

Im Gegensatz zu dem weit verbreiteten Löwenjagd-Skarabäus kennt man
nur fünf Exemplare des Skarabäus, auf dem die Hochzeit des Königs mit der
mitannischen Prinzessin Giluchepa verkündet wurde (siehe unten). Als
Tuschratta, der Bruder Giluchepas, später auf den Thron von Mitanni
gelangte, schrieb er an seinen Schwager Amenophis, den er mit »Nibmuareja« anredete, der mitannischen Form des ägyptischen Königstitels »Neb-
maat-Ra«. In seinem Brief (siehe gegenüber) berichtet Tuschratta von den
beigelegten politischen Unruhen in seinem Land und bekundet seinen
Wunsch, das für beide Seiten profitable Bündnis zwischen Mitanni und
Ägypten gegen die wachsende Bedrohung durch die Hethiter fortzusetzen.
In späteren Jahren nahm Amenophis III. weitere Prinzessinnen aus Arzawa

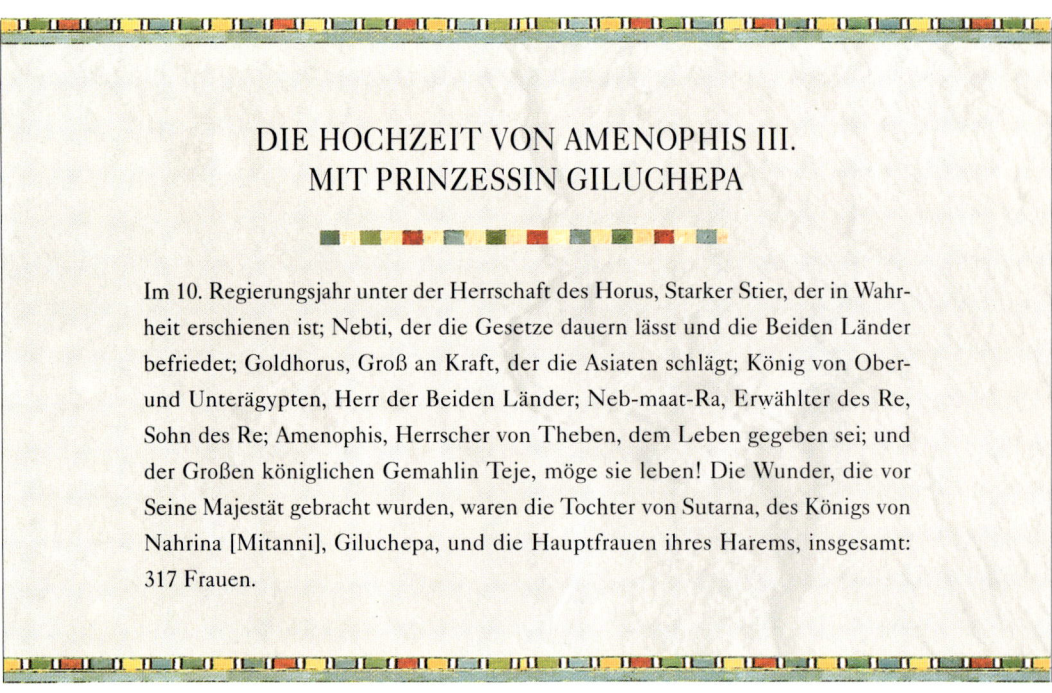

## DIE HOCHZEIT VON AMENOPHIS III.
## MIT PRINZESSIN GILUCHEPA

Im 10. Regierungsjahr unter der Herrschaft des Horus, Starker Stier, der in Wahrheit erschienen ist; Nebti, der die Gesetze dauern lässt und die Beiden Länder
befriedet; Goldhorus, Groß an Kraft, der die Asiaten schlägt; König von Ober-
und Unterägypten, Herr der Beiden Länder; Neb-maat-Ra, Erwählter des Re,
Sohn des Re; Amenophis, Herrscher von Theben, dem Leben gegeben sei; und
der Großen königlichen Gemahlin Teje, möge sie leben! Die Wunder, die vor
Seine Majestät gebracht wurden, waren die Tochter von Sutarna, des Königs von
Nahrina [Mitanni], Giluchepa, und die Hauptfrauen ihres Harems, insgesamt:
317 Frauen.

und Mitanni als Nebenfrauen. Solche Heiraten waren nicht immer nur eine politische Angelegenheit, bei der die Könige ihre Töchter und Schwestern gegen deren Willen dem diplomatischen Kalkül opferten – in einem in babylonischer Schrift verfassten Brief gesteht eine der Prinzessinnen ihre große Zuneigung zu ihrem zukünftigen Gatten.

## TUSCHRATTA, KÖNIG VON MITANNI, AN AMENOPHIS III.

»Sag zu Nibmuareja, dem König von Ägypten, meinem Bruder: So spricht Tuschratta, König von Mitanni, dein Bruder. Mir gelingt alles gut. Dir möge alles gut gelingen. Giluchepa möge alles gut gelingen. Deinem Haushalt, deinen Gemahlinnen, deinen Söhnen, deinen Edlen, deinen Kriegern, deinen Pferden, deinen Streitwagen und in deinem Land möge alles sehr gut gelingen. Ich war jung, als ich den Thron meines Vaters bestieg, da Ud-hi meinem Land etwas Furchtbares angetan und seinen Herrn ermordet hatte. Aus diesem Grunde erlaubte er mir nicht, Freundschaft zu schließen mit denen, die mich liebten. Ich hingegen konnte die furchtbaren Dinge nicht vergessen, die in meinem Land geschehen waren, und so tötete ich die Verräter, die meinen Bruder Artaschumara getötet hatten, und alle, die zu ihnen gehörten. Da du freundlich gegen meinen Vater warst, habe ich dir geschrieben und es dir berichtet, auf dass du, mein Bruder, diese Dinge hören und dich freuen mögest. Mein Vater liebte dich, und du liebtest meinen Vater. Eingedenk dieser Liebe gab mein Vater dir meine Schwester. Und wer sonst hat meinem Vater so beigestanden wie du? Als die Feinde gegen mein Land vorrückten, schlug ich sie, und kein Einziger kehrte in sein Land zurück. Nun sende ich dir einen Wagen mit zwei Pferden samt einem Diener und einer Dienerin aus dem Lande Hatti. Als Geschenkgruß sende ich dir auch fünf weitere Wagen und fünf Gespanne. Und als Geschenkgruß für meine Schwester Giluchepa sende ich ihr einen Satz Goldbroschen, ein Paar goldene Ohrringe, einen goldenen Ring und eine Flasche mit süßem Parfum. Auch sende ich dir meine Hauptminister Kelija und Tunip-ibri. Mögest du, mein Bruder, sie rasch zurücksenden, damit sie mir Bericht erstatten und mir deine Grüße überbringen können, sodass ich mich freuen kann. Mögest du, mein Bruder, Freundschaft mit mir schließen und mir deine Botschafter senden, damit ich deine Grüße an mich vernehmen kann.«

# Drittes Kapitel

# AMUN IST ZUFRIEDEN

UM 1381–1372 V. CHR.

Eine Harfenspielerin singt der Göttin Maat eine Festhymne. Detail aus dem Grab von Rechmire, dem Wesir von Thutmosis III.

# WASSER FÜR DAS LAND
# DER KÖNIGIN

## 11. JAHR (UM 1381 V. CHR.)

Im elften Jahr seiner Regierung – dem Jahr nach der Eheschließung mit der Mitanni-Prinzessin Giluchepa, der ersten seiner ausländischen Frauen – befahl Amenophis, für Königin Teje einen See anzulegen. Man hielt diesen See gemeinhin für einen einfachen Vergnügungssee, der im Grunde zur Ablenkung der Königin dienen sollte. Indes könnte der See auch einen praktischen Nutzen gehabt haben: Als Teil eines Bewässerungssystems mag er die Einkünfte aus dem Land der Königin erhöht haben. Dann wiederum hätte Amenophis dieses Werk in Angriff genommen, um die erste und wichtigste seiner königlichen Gattinnen zu ehren und zu belohnen. Der See wäre somit als Signal an die Öffentlichkeit zu verstehen, dass Tejes Position als Königin von keiner ausländischen Prinzessin anzufechten sei.

Die Große königliche Gemahlin Teje mit doppelter Uräusschlange. Dieser kleine Kopf aus grünem Speckstein wurde in einem Hathortempel auf dem Sinai gefunden.

Über die Anlage des Sees für die Königin wird auf dem fünften und letzten aus der Serie der Gedenkskarabäen berichtet. Es heißt dort: »Regierungsjahr 11 unter der Majestät Horus, Starker Stier, Nebti, erschienen in Wahrheit. Der die Gesetze dauern lässt und die Beiden Länder befriedet; Goldhorus: Groß an Kraft, der die Asiaten schlägt; König von Ober- und Unterägypten: Neeb-maat-Ra, Sohn des Re: Amenophis, Herrscher von Theben, dem Leben verliehen wurde; und die Große königliche Gemahlin Teje, möge sie leben. Der Name ihres Vaters ist Juja, der Name ihrer Mutter ist Tuja. Seine Majestät befahl die Anlage eines Sees für die Große königliche Gemahlin, möge sie leben, in der Stadt Djarucha. Seine Länge ist 3700 Ellen, seine Breite 700 Ellen. Seine Majestät feierte das Eröffnungsfest des Sees im dritten Monat der Überflutung am

16. Tag, an dem man Seine Majestät im Königsschiff auf ihm ruderte.« Elf »See-Skarabäen« sind erhalten, doch nur dieser eine enthält auch die Namen von Tejes Eltern.

Die Erwähnung von Djarucha – einem Ort, von dem man sonst nichts weiß – bezieht sich höchstwahrscheinlich auf Tejes Heimatstadt Achmim. Ursprünglich glaubten die Historiker, der auf dem Skarabäus erwähnte See sei in Theben angelegt worden, weil sich dort vor dem Königspalast eine riesige T-förmige Senke fand. Doch heute weiß man, dass diese Einbuchtung in Theben ein 1,6 Kilometer breiter Hafen war. Dieser war so angelegt worden, dass er die königliche Residenz mit dem Nil verband. Im Hafen und auf dem Zugangskanal herrschte reger wirtschaftlicher und administrativer Verkehr. Und hier lag auch die große königliche Barke vor Anker, die *Aten-Tjehen* (»leuchtende Sonnenscheibe«).

Dieses Kalksteinrelief mit der Königin Teje wurde aus dem Grab von Userhet, dem »Vorsteher der königlichen Gemächer«, in Theben-West entfernt. In der ursprünglichen Szene saß die Königin mit ihrem Wedel in der Hand hinter dem König, um Opfergaben entgegenzunehmen. Tejes Diadem ist mit Doppeluräen besetzt. An seiner Rückseite ist ein Falke mit ausgebreiteten Flügeln zu sehen.

# AUS DEN PROVINZEN
# IN DEN PALAST

Königin Teje gehört zu den am besten dokumentierten Herrschergestalten des alten Ägypten. Nach ihrer Heirat mit dem jungen Amenophis III. gewann sie rasch große Macht und Einfluss. Während der gesamten Regierungszeit wurde ihr Name immer zugleich mit dem des Königs genannt. Auch auf allen Gedenkskarabäen der fünf Serien steht ihr Name gleich hinter dem des Königs. Sogar die Namen ihrer Eltern werden auf einigen dieser Skarabäen festgehalten – eine beispiellose Ehrung.

Die Hochzeit fand im ersten Regierungsjahr des Königs statt, als weder sie noch Amenophis viel älter als zwölf Jahre gewesen sein können. Deshalb ist anzunehmen, daß diese Ehe von der Regentin, Königin Mutemwia, arrangiert worden war, die möglicherweise aus derselben Familie von Provinzbeamten kam wie die neue Königin. Indem er Teje heiratete, brach Amenophis mit der Tradition: Sowohl sein Vater als auch sein Großvater hatten sich Frauen aus dem Königshaus gesucht.

Tejes Familie kam aus Achmim in Mittelägypten, zwischen Amarna und Theben gelegen. Ihr Vater Juja, als Stellvertreter des Königs Kommandant der Streitwagentruppe, führte den religiösen Titel »Gottesvater«, der in allen Rängen, vom Wesir bis zum Hauslehrer, weit verbreitet war. Außerdem war er Priester des Lokalgottes von Achmim, Min, während Tejes Mutter Tuja als Priesterin des Min, des Amun und der Hathor fungierte. Tejes Bruder Anen gehörte dem Erbadel an, war Bürgermeister und Siegelbewahrer des Königs. Sich selbst beschrieb er »als einer, dessen Beliebtheit imHause des Königs groß ist und dessen Gunst im Palast dauert«. Als zweiter Priester des Amun gehörte er der Priesterschaft des Tempels von Karnak an.

Einige Ägyptologen sind der Ansicht, Teje sei keine gebürtige Ägypterin gewesen, doch für eine solche Theorie lassen sich kaum Belege finden. Die Annahme, sie sei Nubierin gewesen, basiert zum Beispiel auf Mutmaßungen über die Mumien ihrer Eltern; doch diese zeigen tatsächlich adlerähnliche Gesichtszüge und blondes,

dem kaukasischen Typus zuzuordnendes Haar. Andere haben behauptet, Teje stamme aus Syrien, und begründen dies mit einer Beschreibung eines berühmten Kopfes der Königin, der aus dunklem Eibenholz geschnitzt war. Dieser Beschreibung zufolge hatte sie helle Haut und helle Augen, aber die Augen dort sind eindeutig schwarz. Außerdem finden sich unter Amenophis' reichhaltigen Grabbeigaben für seine Schwiegereltern in deren Grab in der königlichen Nekropole im Tal der Könige keinerlei Hinweise auf eine mögliche ausländische Herkunft der Familie.

Jujas und Tujas Grab wurde weitgehend unversehrt vorgefunden. Es enthielt eine Mischung aus praktischen Alltagsgegenständen und atemberaubenden Kunstwerken: goldene Särge und vergoldete Möbel, Parfümkrüge und eine Perückenschachtel, ausgestopfte Kissen, ganze Reihen von Sandalen und sogar Gemüse. Die Särge des Paares sind beste Handwerksarbeit. Tujas breites Lächeln lässt den Betrachter vollkommen vergessen, dass es sich bei dem Porträt um eine Totenmaske handelt. Das Bild des Paares ist auch auf den Totenpapyri bewahrt. Dort kontrastiert Jujas weißes Haar mit den schwarzen Locken seiner Frau, obwohl beide Mumien blonde Haare haben. Die im Grab gefundene schwarze Perücke ist ein Hinweis darauf, dass dieses Paar wie die meisten wohlhabenden Ägypter bei verschiedenen Gelegenheiten Perücken trug. Jujas Mumie gilt als die besterhaltene aller ägyptischen Mumien – die Regierungszeit seines Schwiegersohnes Amenophis markierte einen Höhepunkt in der Kunst des Einbalsamierens.

Als Amenophis' junge Ehefrau wurde Königin Teje zur Schlüsselfigur an seinem Hof. Sie spielte eine aktive Rolle in der Politik und korrespondierte selbständig mit ausländischen Würdenträgern, die ihren weisen Rat offensichtlich zu schätzen wussten. Neben dokumentarischen Quellen beweist schon die schiere Anzahl der erhaltenen Darstellungen der Königin, welch große Bedeutung sie für den König hatte. Sie verkörperte das weibliche Element, ein lebendiges Gegengewicht zu Amenophis' Rolle als Pharao. Und so, wie die Götterfiguren seine Züge trugen, nahmen nun die Figuren von Göttinnen die Züge seiner geliebten Frau an.

In der blauen Inschrift auf diesem gelben Fayence-Schminktopf werden (von links nach rechts) die Namen »Sohn des Re, Amenophis, Herrscher von Theben«, »Neb-maat-Ra, der gute Gott« und »Königliche Gemahlin Teje« aufgeführt.

Teje wurde auch mit traditionellen göttlichen Regalien dargestellt: Kuhgehörn mit Sonnenscheibe, große Federn und der Geierkopf wurden in die Kronen der Königin eingearbeitet. Ihre Staunen erregende Federrobe symbolisierte das Gefieder der großen Geiergöttinnen Mut und Nechbet (siehe Seite 43). Die Königin wurde beschrieben als »reich an Gunst, die Große königliche Gemahlin Teje, Geliebte der Nechbet«. Sie war also mit jener Göttin verbunden, die dem Sonnengott bei seiner Reise über den Himmel in gleicher Weise half wie die Königin selbst dem Pharao während dessen Herrschaftszeit.

Die Vorstellung der Königin als Göttin ist komplementär zu der des Königs als Sonnengott. So wird Königin Teje geschickt als Amenophis' Partnerin in beiden Sphären eingeführt: bei Göttern und Menschen. Sie begleitete ihren Gatten als irdische Verkörperung des Maat, wurde aber auch als Verkörperung der Göttin Hathor-Sachmet verehrt – und zwar ihrer gewalttätigen Seite, wenn sie die Furcht erregende Macht des »Auges des Re« annimmt, als Tochter und Beschützerin des Sonnengottes mit den Kräften der Wahrheit (Maat). »Das Auge des Re erscheint gegen dich; sie verschlingt dich, sie bestraft dich«, lautete eine Warnung an alle Feinde des Pharaos, damit diese nicht vergaßen, dass er jederzeit unter dem mächtigen Schutz seiner allgegenwärtigen Göttin und Königin stand. Dieser gewaltsame Aspekt der Teje als Sachmet spiegelt sich auch in den beispiellosen Darstellungen der Königin als Sphinx wider – ein Bild, das zuvor allein den Königen vorbehalten war. Als Sphinx erscheint Teje in geduckter Pose, wenn sie die königliche Kartusche bewacht, aber auch als wildes Tier, das die Feinde zertrampelt. Solche Bilder zeigen die Königin als furchtlose Verteidigerin des Pharaos und Ägyptens, so wie die Göttin den Gott Re beschützte.

Wie es ihrer hohen Stellung zukam, verfügte Teje über einen großen Haushalt mit zahllosen Zofen und Dienern, die für ihre materiellen Bedürfnisse zuständig waren. In Theben diente Cheruef als Vorsteher des Palastes, während später in Amarna Huia den Titel »Verwalter des Hauses der Königsmutter, der Großen königlichen Gemahlin Teje« führte. Sie beschäftigte ihren eigenen Koch, Bakenamun, und hatte sogar ihren eigenen Bildhauer, Iuti.

Kopf von Königin Teje ist aus zypriotischem Eibenholz. Für die Augen wurden Intarsien aus Ebenholz, Obsidian und Alabaster verwendet; die Ohrringe sind aus Gold und Lapislazuli. Der an Stirn und Schläfen in Spuren noch sichtbare ursprüngliche Kopfschmuck der Königin (aus Silber und Gold) verweist darauf, dass sie eigentlich als Totengöttin für ihren Gatten dargestellt war. Die gegenwärtige Kopfbedeckung aus gepresstem Leinen wurde erst nach der Amarna-Zeit hinzugefügt.

# DAS REICH FEST IM GRIFF

## 12. JAHR (UM 1380 V. CHR.)

Ägypten erreichte den Zenit seiner Macht während der Regierungszeit Amenophis' III. Im 12. Regierungsjahr hatte Amenophis bereits eine starke militärische Position, denn nach seiner siegreichen Kampagne sieben Jahre zuvor hatte er Nubien vollkommen unter Kontrolle. Auch der Frieden in Vorderasien hielt. Der König unterhielt gute Beziehungen zu Mitanni. Die Assyrer, Babylonier und Hethiter stellten für seine Herrschaft keine Gefahr dar. Die vorderasiatischen Vasallenstaaten hatte Amenophis ebenfalls fest im Griff. Sie bildeten eine Pufferzone gegen entferntere Bedrohungen und waren zudem mit ihren Tributen eine reiche Einnahmequelle.

Die Vasallenstaaten waren in drei Verwaltungsgebiete eingeteilt, mit je einem ägyptischen Gouverneur als »Aufseher über die nördlichen Länder«. Der Gouverneur, der in Gasa residierte, war für Kanaan verantwortlich (Palästina und die phönizische Küste bis nach Beirut hinauf), dem Gouverneur in Kumidu (Libanon) unterstand Apu (das Gebiet, das sich landeinwärts bis nach Syrien erstreckte, einschließlich Damaskus). Ein dritter Gouverneur in Simurru (Syrien) war für Amurru verantwortlich (ein Gebiet, das die Küstenländer bis nach Ugarit im Norden umfasste).

Der Gouverneur hatte dafür zu sorgen, dass die Führer der Vasallenstaaten – Männer wie Ribb-Adda aus Byblos oder Abdi-Ashirta aus Amurru – gehorchten. Die Vasallenführer durften vor Ort bleiben und ihre Länder verwalten – vorausgesetzt, sie blieben Ägypten gegenüber loyal. Dafür mussten sie jährliche Tribute leisten, hauptsächlich Holz, Metall, Fertigprodukte, Vieh und Arbeitskräfte. Überdies erwartete man, dass sie die militärischen Stützpunkte der Ägypter auf ihrem Gebiet mit allem Notwendigen versorgten. Solche Garnisonen gab es landeinwärts in Beth Shan und Kumidi sowie an der Küste in Jaffa, Gasa, Sumur und Ullaza – alles Orte, die lebenswichtige Handelsrouten sicher-

ten. Weil sich die lokale Bevölkerung noch recht gut an die ägyptische Erobe-
rung erinnern konnte, hatten selbst weniger große Garnisonen für potenzielle
Rebellen einen starken Abschreckungseffekt. Gelegentlich erbaten die örtlichen Vasallenherrscher vom Pharao sogar Truppen als Schutz im Streit unter
Nachbarn. Die Rivalität zwischen Amurru und Byblos etwa fand ihren Nieder-
schlag in diplomatischer Korrespondenz, als beide Vasallen getrennt nach Ägypten schrieben und um Unterstützung gegen die jeweils andere Seite baten.

Die vielen Kunstgegenstände mit Amenophis' Namen, die im ganzen vorderasiatischen Raum gefunden wurden, belegen, wie aktiv Ägypten damals dort
war. Darüber hinaus sprechen Inschriften auf den Sockeln von Statuen im
Totentempel des Königs in Kom el-Hatan sogar von einer Vorherrschaft über
den ägäischen Raum – einschließlich Mykene, Troja und Knossos. Das tatsäch-
liche Ausmaß von Amenophis' Macht in der Ägäis war begrenzt, obwohl man
seinen Namen in Mykene, wo seine Kartusche gefunden wurde, auf jeden Fall
kannte. Eine der Inschriften in Kom el-Hatan behauptet, der Pharao sei Ober-
herr über die gesamte Welt: »Alle Länder der Phönizier und des Nordens und
des Südens sind unter den Füßen dieses guten Gottes. Die Fürsten aller nördlichen und aller südlichen Länder sinken, alle an einem Ort vereint, auf ihre
Knie, damit ihnen der Atem des Lebens vom König gegeben werde.«

In einer Szene
aus dem Grab
des Schatz-
meisters Sobek-
hotep in Theben
sind Syrer als
Überbringer von
Tributen zu
sehen, die am
ägyptischen Hof
mit Geschenken
für den König
ankommen. Be-
gleitet werden sie
vom Kind eines
Vasallenherr-
schers. Solche
Kinder wurden
oft nach Ägypten
gebracht. So war
der Gehorsam
ihrer Väter ge-
sichert, und über-
dies wurden sie
ägyptisch ge-
prägt.

# PAX AMENOPHICA:
# FRIEDEN UND WOHLSTAND

## 13. JAHR (UM 1379 V. CHR.)

Im 13. Regierungsjahr des Pharaos befand sich Ägypten auf dem Höhepunkt des Wohlstands und der Macht: Nubien war stabilisiert, und es herrschte Frieden im Reich. Unter Amenophis III. gab es vier lange Jahrzehnte Wohlstand ohne Unterbrechung durch einen Krieg. Für das ägyptische Volk war es eine Zeit beispielloser Sicherheit und Zuversicht – ein goldenes Zeitalter unter einem goldenen König, dessen Erfolg in den Augen seiner dankbaren Untertanen der beste Beweis dafür war, dass er mit den Göttern selbst eins war.

Damals hatte Ägypten eine Bevölkerung von schätzungsweise drei bis vier Millionen Menschen, die fast alle im fruchtbaren Niltal lebten. Die traditionelle Verwaltungshauptstadt war Memphis, in Unterägypten südlich des Nildeltas gelegen. Die größte Stadt des Landes war jedoch Theben in Oberägypten; es war zugleich die religiöse Hauptstadt, die Heimat des Staatsgottes Amun-Re. Am Westufer befanden sich die Totentempel der Vorgänger Amenophis' III. aus der 18. Dynastie; ihre Grabstätten waren im damals noch recht unzugänglichen Tal der Könige angelegt worden. Die Stadtteile am östlichen Nilufer waren demgegenüber den Lebenden und ihren Göttern vorbehalten. Theben, das einfach als »die Stadt« bezeichnet wurde (ägyptisch *waset*, »Zepter«), war eine lärmende Metropole von großer Ausdehnung, deren große goldbedeckte Staatsgebäude schon aus der Ferne zu sehen waren. Der Ruf Thebens verbreitete sich in der gesamten antiken Welt. Im 9. Jahrhundert v. Chr. pries der griechische Dichter Homer in seiner *Ilias* das »hunderttorige Theben«; gemeint waren damit die zahlreichen Tempeltore.

Die gebildete, weltlich gesinnte Bevölkerung der Stadt konnte sich eines Lebensstandards erfreuen, den es nirgendwo sonst in Ägypten gab, und als Er-

gebnis der endlosen Ströme exotischer Güter, die aus dem ganzen Herrschafts-
gebiet ins Land kamen, hatte die Elite Geschmack an Luxus und Raffinement
gefunden. Viele dieser Importe sind in der diplomatischen Korrespondenz jener
Zeit aufgeführt und beschrieben. Gleichzeitig begannen auch die einheimi-
schen Güter Spuren ausländischen Einflusses aufzuweisen, denn der ägyptische
Geschmack wurde nun wahrhaft kosmopolitisch.

Während seiner langen Regierungszeit widmete sich Amenophis zunehmend der Aufgabe, große Teile Thebens neu zu gestalten und zu ordnen. Die
Bautätigkeit beschränkte sich nicht nur auf königliche und religiöse Gebäude;
es entstanden auch immer mehr Verwaltungs- und Wohngebäude, um das stetig
wachsende Beamtenheer unterzubringen. Die wohlhabendsten dieser Beamten
lebten in mehrstöckigen Stadthäusern oder auf Landsitzen, die ihnen der König
stellte. Im Herzen eines jeden dieser Güter stand eine große Villa in einem von
Mauern umgebenen Garten, mit einem Teich unter Bäumen, in dem sich inmitten von Lotosblumen Fische und Enten tummelten. Die leidenschaftliche
Vorliebe der alten Ägypter für ihre Gärten ist gut belegt. In einem zeitgenössischen Liebesgedicht heißt es: »Ich gehöre zu dir wie dieser Garten, den ich mit
Blumen und wohlriechenden Pflanzen bestellt habe.«

Wie alle ägyptischen Häuser waren auch diese Villen aus Lehmziegeln erbaut. Sie waren oft mit der königlichen Kartusche gekennzeichnet und außen
weiß gestrichen, um die Hitze abzuweisen. Die Innentemperatur wurde durch
kleine, hoch liegende Fenster niedrig gehalten. So
konnte die kühlende Brise ins Innere der Villen
gelangen. Die Räume waren im naturalistischen Stil dekoriert: Die Wände waren
großzügig mit Pflanzen und Tieren bemalt,
die Fußböden mit leuchtend glasierten Flie-
sen bedeckt, auf denen Blumen, Vögel und
Tiere dargestellt waren. Der Name des Königs
wurde im ganzen Haus als magisches Schutz-
zeichen verwendet. Selbst die Überreste rela-
tiv bescheidener Häuser aus dieser Zeit weisen Spuren bunter Wandgemälde auf.

Eine typische Villa konnte bis zu 30 oder
40 Zimmer haben, darunter Flure und Hallen
mit Pfeilern, ein Esszimmer und einen Haus-

Dieses aufwän-
dige Schmuck-
kästchen aus
vergoldetem
Holz, Fayence
und Elfenbein
wurde im Grab
von Juja und
Tuja, den Eltern
von Königin Teje,
gefunden. Ge-
schmückt ist es
mit dem Namen
der Königin und
Amenophis' III.,
außerdem mit
mehreren
Zeichen, die alle
»Leben« und
»Kraft« be-
deuten.

schrein für kleine Figuren der Götter, der Königsfamilie und der Vorfahren der eigenen Familie. Schlafräume und Gästezimmer bildeten ganze Suiten, in denen es sogar mit Kalkstein eingefasste Bäder gab. Schon in einer älteren Erzählung wird in der Beschreibung eines Fürstenhauses ein »Badezimmer mit Spiegeln« erwähnt. Altägyptische Badetücher wirken mit ihren frotteeartigen Stoffen überraschend modern. Wie noch im heutigen Ägypten hatten die Häuser Treppen, die auf eine flache Dachterrasse führten, auf der die Familie unter einem Schatten spendenden Pavillon schlafen oder bequem sitzend die vom Fluss herüberziehende kühle Brise genießen konnte. Ganz in der Nähe des Hauses befanden sich Küchen, Vorratsräume und Kornkammern.

Gäste und Familienmitglieder erfreuten sich an schönen Möbelstücken; zu den erhaltenen Exemplaren aus Amenophis' Regierungszeit gehören hölzerne Stühle und Hocker, Sofas und Betten. Die Räume waren mit Wandbehängen und Federkissen ausgestattet. Sie enthielten Truhen und Kästen, in denen Kleider und alle anderen Gegenstände untergebracht wurden. Nach Einbruch

Dieses Fragment einer Wandmalerei aus dem zerstörten Grab des Nebamun in Theben zeigt den schönen Garten eines wohlhabenden Schreibers. Mit einem von Dattelpalmen und Feigenbäumen umgebenen Teich mit Lotosblüten ist dieser Garten typisch für die Gärten der Oberschicht jener Zeit. Ohne aufwändige Bewässerungssysteme hätten bei dem in Ägypten vorherrschenden Wüstenklima solche üppigen Gärten nicht angelegt werden können

N

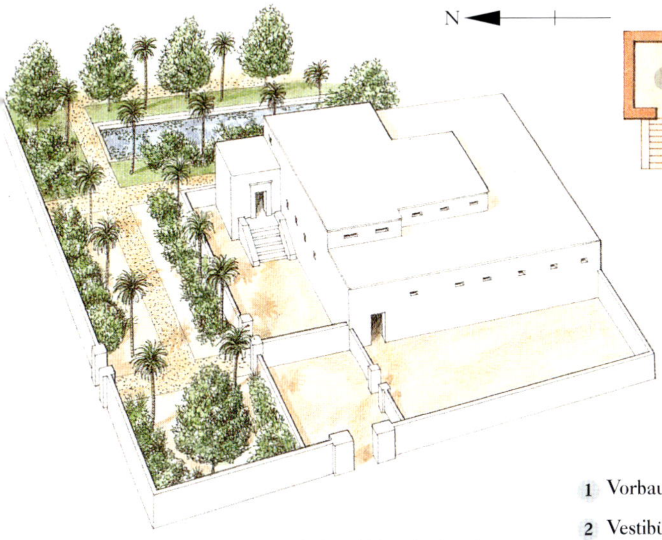

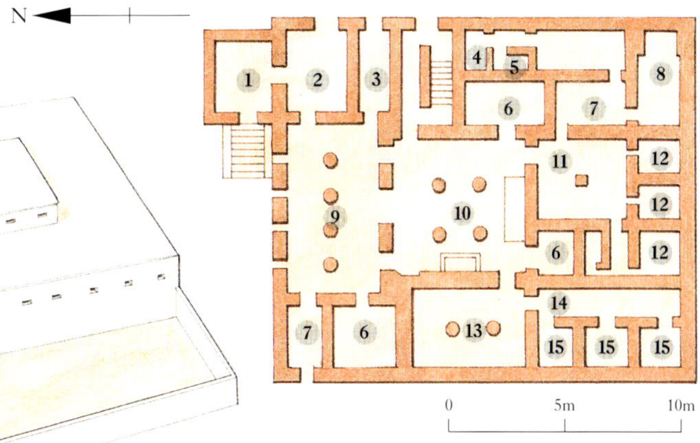

0    5m    10m

| 1 | Vorbau | 8 | Schlafzimmer |
|---|--------|---|--------------|
| 2 | Vestibül | 9 | nördliche Halle |
| 3 | Dienstboten-eingang | 10 | zentrale Halle |
| | | 11 | kleine Halle |
| 4 | Toilette | 12 | Gemächer der Frauen |
| 5 | Bad | 13 | westliche Halle |
| 6 | Lagerraum | 14 | Flur |
| 7 | Vorzimmer | 15 | Gästezimmer |

OBEN LINKS  Modell einer typischen Villa aus der Regierungszeit Amenophis' III., rekonstruiert nach einer in Tell el-Amarna (Mittelägypten) ausgegrabenen Villa. Die verputzten und geweißten Außenwände haben kleine, hoch gelegene Fenster. Umgeben ist das Haus von einem parkähnlichen, gut bewässerten Garten hinter Mauern, der einen Lotosblütenteich umgibt.
OBEN RECHTS  Villenplan mit der Standardanordnung der Räume.

der Dunkelheit benutzten die Bewohner zur Beleuchtung der Villa Lampen (Tonschalen mit Öl und Leinendochten) und Kerzen, die manchmal gefärbt und parfümiert waren.

Blumen waren in allen Häusern äußerst beliebt – in Vasen, Schalen oder Sträußen. Die Ägypter kannten auch zahlreiche »Substanzen, die dazu dienen, den Geruch des Hauses oder der Kleider angenehm zu machen: Myrrhe, Weihrauch, Zyperngras – zerstampfe und mahle sie klein, schütte sie zusammen und verbrenne sie auf dem Feuer«.

Wohlhabende Familien hatten einen großen Stab von Bediensteten, darunter oft einen oder mehrere Sekretäre, Köche, Wäscher, Frisöre, Wächter, Gärtner, Stallknechte, Ammen und Erzieher, Mägde und Diener.

Theben war auch Heimat für tausende von Handwerkern und Arbeitern. Die »Diener am Ort der Wahrheit« (siehe Seite 90), die sich dem Bau der königlichen Gräber widmeten, lebten in dem Dorf Deir el-Medina am Westufer des Nils. Zur Zeit von Amenophis III. bestand dieses Dorf aus etwa 50 eher bescheidenen Häusern mit bunt bemalten Wänden und sparsam möbliertem Inneren.

# MODE UND SCHMUCK

Dieses Porträt der Dame Thepu stammt aus dem zerstörten Grab ihres Sohnes Nebamun in Theben. Thepu trägt eine füllige Perücke, ein fein plissiertes Leinenkleid und farbigen Schmuck aus Perlen und Gold. Das Menit genannte Gegengewicht ihres Halsschmuckes, das sie in der Hand hält, weist sie als Anhängerin der Göttin Hathor aus.

Männer wie Frauen kleideten sich festlich mit feinem Leinen; sie schmückten sich mit Gold und Halbedelsteinen, trugen aufwendig stilisierte Perücken und benutzten reichlich Kosmetika und Parfüm, die den blendenden Gesamteindruck unterstrichen. Die Opulenz dieses Stils stand in scharfem Kontrast zur recht konservativen Gestaltung der Kleidung und Accessoires in der frühen und mittleren 18. Dynastie. Das hatte damit zu tun, dass sich während Amenophis' Regierungszeit viele neue Moden aus dem ganzen Reich in Ägypten ausbreiteten.

Amenophis III. war der erste König, der eine Kombination aus einer mit Fransen besetzten, knöchellangen Tunika und einem plissierten, gefransten Oberteil trug, das den linken Arm bedeckte und unter der rechten Brust geknotet war, so wie es auf seinem Statuenporträt zu sehen ist. Aus Amenophis' Regierungszeit sind nur Textilfragmente erhalten, doch mindestens 18 königliche Tuniken, die im Grab seines Enkels Tutanchamun gefunden wurden, bieten uns konkrete Belege für die von den Pharaonen der späten 18. Dynastie getragenen Zeremonialgewänder. Darunter war die so genannte »Falkentunika« mit einem Muster aus Rosetten in Rot und Blau auf dunkelblauem Untergrund. An der Vorderseite liefen Hieroglyphenbänder von oben nach unten. Darin wird der König als »Beschützer der Beiden Länder« und »Vernichter aller Feinde Ägyptens« proklamiert.

Auch die Zeremonialgewänder der königlichen Frauen waren dekoriert. Königin Tejes Federgewand (siehe Seite 43) war eine elegante, ganz an ihren Körper angepasste Federkreation: Zwei Geierflügel bedeckten schützend ihre Hüften und Oberschenkel, während das stark taillierte Kleid von breiten Schulterträgern gehalten wurde. Die meisten Frauen trugen Wickelkleider aus Leinenbahnen, die einem modernen Sari glichen. Manchmal wählte man auch kompliziertere Versionen solcher Kleider, die, aus ein oder zwei Stoffbahnen gefertigt, kunstvoll geknotet oder von Spangen gehalten waren. Der ver-

blüffende Effekt solcher Kleidung ist in den Grabszenen in Theben festgehalten, auf denen weibliche
Figuren zu sehen sind, deren Körper auch unter
mehreren Lagen halb transparenter, plissierter Stoffe
immer noch teilweise sichtbar sind.

Leinen, den Grundstoff aller altägyptischen Kleider,
gab es in verschiedenen Qualitäten, von Standardware bis hin
zu *byssos* von feinster Qualität: Dieser gazeähnliche Stoff war für
die Königsfamilie und die Elite reserviert. Auf die Wirkung des
*byssos* wird in Gedichten aus der Zeit des Neuen Reiches oft ange-
spielt: »Oh wie ich es liebe, vor dir zu baden und dir zu gestatten, meine
Schönheit zu sehen, in einem Gewand aus feinstem Leinen, nass und parfüm-
getränkt. Ich gehe hinab ins Wasser, um bei dir zu sein. Komm, sieh mich an.«

Wichtigstes Kleidungsstück für Männer war der Schurz aus Leinen. Fünfzig
Exemplare wurden im Grab von Amenophis' Bauaufseher Cha in Deir el-
Medina gefunden, und nicht weniger als 145 im Grab von Tutanchamun.
Strapazierfähigere Lendenschurze aus perforiertem Gazellenleder wurden in

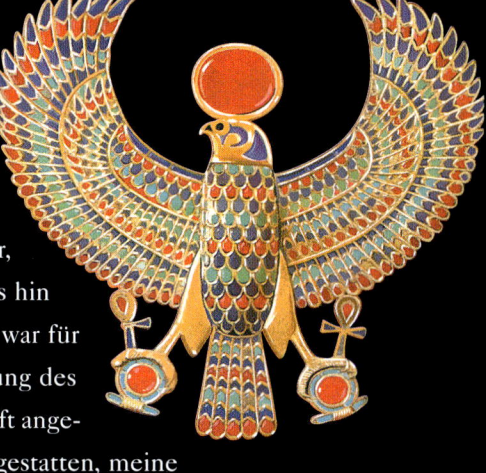

Tutanchamuns
Falkenpektoral
ist aus Gold, be-
setzt mit Lapis-
lazuli, Karneol
und farbigem
Glas.

## SCHMUCK

Männer wie Frauen trugen
Schmuck als Schaustücke und
schützende Amulette. Die meisten Halsketten enthielten Perlen
aus Halbedelstein, Fayence oder
Glas; die Anhänger waren meist
kleine Figuren, die Götter, Tiere
oder Blumen darstellten. Die
Ringe der besonders Reichen
waren aus massivem Gold, für
die weniger Wohlhabenden
wurden Ringe aus Fayence in
Massenproduktion hergestellt.
Die meisten Fayenceringe
waren blau, aber man hat auch
Ringe in den Farben Purpur,
Grün und Gelb gefunden.

Auf vielen Ringen waren
Amulettbilder angebracht, die
den Namen des Trägers, der
Trägerin oder des Königs symbolisierten; der Name Amenophis' III. wurde von seinen Untertanen als Talisman getragen.
Man trug am Finger auch kleine
Skarabäen, die an einer Schnur
oder einem Metalldraht befestigt
waren – die Fassungen waren

manchmal schwenkbar, so dass
der Ring auch als Siegelring verwendet werden konnte. Ein wun-
derschönes Exemplar aus Silber
und Speckstein trägt auf der
einen Seite Amenophis' Namen
und enthüllt, wenn man es um-
wendet, den auf der Unterseite
eingravierten Namen von Königin Teje.

Als die ägyptische Gesellschaft zur Zeit der 18. Dynastie
zunehmend kosmopolitischer
wurde, kamen Ohrringe in
Mode. Meist waren es Glas-
knöpfe, Glastropfen oder
schlichte Ringe aus Bronze,
Silber oder Gold.

Dieser große Armring aus kobaltblauer
Fayence – Amenophis' Lieblingsfarbe –
stammt möglicherweise aus dem Grab
des Königs selbst.

dieser Zeit ebenfalls getragen, vor allem von Militärangehörigen. Röcke und Lendenschurze aus Standardleinen trugen Männer wie Frauen, wobei die der Männer meist aufwändiger gearbeitet waren: mit unterschiedlich langen Teilen und oft teils plissiert, mit gestärktem Vorderteil. Häufig gehörte auch eine dekorative Schärpe dazu, solche Schärpenröcke wurden meist über einer locker sitzenden Tunika getragen. Dazu trug man reich geschmückte Gürtel und Schärpen.

Lange Leinengewänder wurden von beiden Geschlechtern getragen, die so genannte Sacktunika überwiegend von Männern. Sie wurde aus einem langen Leinenrechteck gefertigt, das zur Hälfte gefaltet und an den Seiten zugenäht wurde. Oben blieben Armlöcher frei, in der Mitte der Oberkante wurde ein Loch für den Kopf herausgeschnitten und mit zwei kleinen Fäden gesäumt. Die meisten erhaltenen Exemplare sind eher schlicht, manche jedoch auch mit Naturfarben gefärbt. Einige enthalten eingewebte oder eingenähte farbige Bänder.

Manche Kleidungsstücke hatten Ärmel zum Herausnehmen. Außerdem ließen sich auch »Hosenbeine« ergänzen, die über die Beine gezogen wurden und unten einen V-förmigen Ausschnitt für die Füße hatten. In Grabszenen sind auch Handschuhe dargestellt; in Tutanchamuns Grab wurden davon 20 Paar gefunden, zusammen mit Kampfhandschuhen aus dicken Tuchlagen mit weicher Fütterung. Neuere Untersuchungen der reichen Leinenfunde aus Tutanchamuns Grab haben sogar die ältesten ägyptischen Socken zu Tage gefördert.

Die im alten Ägypten am weitesten verbreitete Form des Schuhwerks war die Sandale; sie wurden aus Palmblättern, Gras, Papyrus oder Leder hergestellt. Die Sandalen der Reichen waren meist mit Blattgold, Stickerei und Perlen verziert. Vor Höhergestellten allerdings trug man keine Sandalen. Deshalb zogen die Adligen am Hof in Gegenwart der königlichen Familie ihre Sandalen aus. Die Sohlen von Amenophis' Sandalen waren oft mit den Abbildern seiner Feinde geschmückt, damit der mächtige Pharao sie bei jedem Schritt in den Staub treten konnte.

Perücken erfreuten sich in Ägypten großer Beliebtheit. Unter den klimatischen Bedingungen Nordafrikas war ein kahl geschorener Kopf die kühlste und hygienischste Lösung. Kopf und Nacken waren dann mit einer Perücke bedeckt, wobei die Stauwärme durch das offene Geflecht entweichen konnte. Am Hof wurden aufwendige Haar- und Perückenfrisuren entwickelt – zum Schmuck wie auch als Statussymbol. Figuren des Königs zeigen manchmal

langes, glattes Haar, doch die gewöhnliche Perücke war eher kurz. Als Variante diente eine Perücke mit geschichteten Haarsträhnen. Die meisten Darstellungen von Männern zeigen schulterlange Doppelperücken.

Frauendarstellungen vermitteln subtile erotische Botschaften, wenn das Haar verlockend über die Augen hängt oder über beide Schultern hinabfällt – als visuelle Referenz an Hathor, die Göttin der Liebe und der Schönheit (manchmal »die mit dem schönen Haar« genannt). Am liebsten trugen Frauen das Haar so, dass der Oberkörper unter wallenden Haarmassen verborgen blieb. Diese Lieblingsfrisur von Königin Teje ließ sich fast immer nur künstlich erreichen – mit Haarverlängerungsteilen oder Vollperücken. Männer wie Frauen vergrößerten ihre eigene Haarpracht oft mit falschen Zöpfen. In einem Liebesgedicht aus dieser Zeit ruft eine Frau aus: »Mein Herz entbrennt schon erneut in Liebe zu dir, wenn erst ein Teil meines Haars geflochten ist. […] So mache ich mir nun nicht mehr die Mühe, mich selbst zu frisieren. Ich setze mir eine Perücke auf – und bin sofort bereit.« Perücken wie die von Chas Frau Merit, die

In diesem Ausschnitt aus einem Kalksteinrelief im Grab von Ramose ist der Bruder des Verstorbenen, Amenophis, mit seiner Ehefrau Mai zu sehen. Amenophis trägt eine aufwändige Doppelperücke und zwei goldene Schebiu-Halsbänder. Mai trägt eine volle Perücke mit sorgfältig geflochtenen Zöpfen.

Diese feine Halskette aus der 18. Dynastie wurde in Theben gefunden. Sie besteht aus kornblumenförmigen Anhängern und Perlen, die aus Gold, Karneol, rotem Jaspis, Glas und glasierten Materialien gefertigt sind.

in ihrem Grab in einer eigenen Schachtel gefunden wurde, waren oft sehr aufwendig. Merits Perücke hatte hinten einen dreisträngigen Zopf – wie er oft bei Skulpturen und in gemalten Szenen zu sehen ist und den Träger oder die Trägerin als Anhänger(in) der Göttin Hathor ausweist. Kinder, darunter auch Amenophis selbst, wurden mit der typischen Seitenlocke porträtiert.

Männer wie Frauen benutzten täglich Kosmetika. Augenschminke ließ die Augen größer und strahlender wirken. In einem Liebesgedicht heißt es dazu: »Mein Verlangen nach dir ist meine Augenschminke: Wenn ich dich sehe, leuchten meine Augen.« Doch Augentusche hatte auch praktische Vorteile: Waren die empfindlichen Augenpartien damit bemalt, war das Brennen der Sonne weniger spürbar, und die antiseptischen Qualitäten der Schminke linderten Augenreizungen, die sonst durch Sandstürme noch verschlimmert wurden. Außerdem wehrte die Schminke auch Fliegen ab. So gut wie jeder benutzte sie – selbst Grabbaumeister sind auf Abbildungen zu sehen, wie sie sich in einer Arbeitspause von Kollegen die Augen schminken lassen.

Die Frauen röteten sich Lippen und Wangen mit gemahlenem roten Ocker. Manchmal wählten sie auch Tätowierungen als eine dauerhaftere Form des Körperschmucks. Um diese Zeit wurden die traditionellen Punktmuster über den Brüsten und am Unterleib durch Darstellungen des Gottes Bes abgelöst, von denen je eine auf den Schenkeln platziert war. Früher hielt man diese Bilder für Merkmale von Prostituierten, doch mittlerweile weiß man, dass es sich um Amulettzeichen im Kontext von Geburt und Kindbett handelte.

In wohlhabenden Haushalten wurden Künstler für das Make-up der Frauen beschäftigt, doch die meisten Menschen verließen sich beim Auftragen der Kosmetika auf die Hilfe ihrer Familienangehörigen und Freunde. Oder sie versuchten mit Hilfe eines Spiegels alleine zurechtzukommen. Während viele

## EIN HAUCH VON EXOTIK

Aus der diplomatischen Korrespondenz können wir ersehen, welcher Art die Kleidungs- und Schmuckstücke waren, die in Ägypten aus dem Ausland importiert wurden. Der Mitanni-König Tuschratta schickte eine Inventarliste der Geschenke, die er Amenophis III. aus Anlass der Hochzeit seiner Tochter Taduchepa mit dem Pharao übersandte. Darin sind aufgeführt: »mehrfarbige Hemden, ein Paar Handschuhe mit roter Wolleinfassung, ein Paar Lederschuhe, besetzt mit Goldschmuck, Hilibasteinknöpfen und Lapislazulischmuck. Dabei wurden 13 Schekel Gold verwendet. Außerdem vier Paar Rauhaarwollstrümpfe. Ein Paar Batatu-Schuhe mit reichem Goldschmuck, für den sechs Schekel Gold verwendet wurden. Ein Paar purpurne Wollschuhe, geschmückt mit Gold und Hilibasteinknöpfen sowie in der Mitte eingelegten Lapislazuli. Hierfür wurden vier Schekel Gold verarbeitet. Zwei Paar Schuhe aus gefärbtem Leinen. Eine wollene Purpurrobe und ein paar Hemden im Stil der Churriter, für die Stadt. Ein Stadthemd im türkischen Stil. Ein Paar Schärpen aus roter Wolle, mit Ornamenten. Ein Leinengewand im Stil von Hazor. Ein Paar Leinenhemden im churritischen Stil. Ein Stadthemd aus Leinen. Eine Leinenrobe. Ein Gewand im Stil von Hazor. Ein Paar Hemden im churritischen Stil. Eine Robe und eine Kappe aus purpurner Wolle. Zehn bunte Gewänder, zehn Paar Hemden im churritischen Stil, zehn Paar Stadthemden, zehn Roben, zehn Paar Stiefel, zehn Paar Beinkleider, zehn Paar Batatu-Schuhe. Ein Lendenschurz aus farbigem Material.«

Die Inventarliste beschreibt auch Mitanni-Schmuckstücke, die als Geschenk mitgeschickt wurden, unter anderem: »ein Armreif aus Eisen, mit Gold beschlagen, darin als Intarsien Vögel aus echtem Lapislazuli; ein Fußreif aus Gold; ein Satz echter Lapislazuliperlen für die Hand, sechs pro Schnur, in Gold gefasst; und ein halsringartiges Kopfgebinde aus gedrehtem Gold«.

Ägypter ihre Schminktöpfchen, Parfümflaschen, Kämme und Rasiermesser in Körbchen oder kleinen Kästen aufbewahrten, besaßen die Reichen dafür wunderschön dekorierte Truhen mit mehreren Fächern und Schubladen. Die Kosmetikschränkchen von Cha und Merit enthielten Alabastertöpfe mit Haarpomade, Parfüms, Rasiermessern, Kämmen und Haarnadeln. Solche Kästen wurden in Grabszenen oft unter dem Stuhl des Besitzers dargestellt. So war ihr Inhalt immer schnell zur Hand.

Modisch gekleidete weibliche Gäste eines Banketts. Detail aus den Wandgemälden im Grab des Astronomen Nacht.

# VORBEREITUNGEN FÜR DAS LEBEN NACH DEM TOD

### 14. BIS 16. JAHR (UM 1378-1376 V. CHR.)

Das Grab Amenophis' III. im Westtal, mit dessen Bau schon während der Regierungszeit seines Vaters begonnen worden war, näherte sich nun der Vollendung. Es wurde 80 Meter tief in die Kalkfelsen gehauen und ist damit eines der größten ägyptischen Königsgräber. Zur abwärts laufenden Eingangspassage gehören zwei Treppenfluchten und ein Schacht. Nach 30 Metern wendet man sich um 90 Grad nach links und betritt eine Pfeilerhalle. Zwei weitere Treppenfluchten führen in einen Vorraum hinab, ehe man nach einer weiteren 90-Grad-Drehung nach rechts in eine zweite Pfeilerhalle kommt. Treppenstufen am entfernten Ende der Halle führen in die Grabkammer, die ursprünglich den drei Meter langen Sarkophag des Königs aus rotem Assuan-Granit enthielt. Verbunden mit der Grabkammer des Königs waren zwei ähnliche, für die Königinnen Teje und Sitamun vorgesehene Kammern.

Der königliche Sarkophag ist verschwunden, nur der stark zertrümmerte, oben abgerundete Deckel ist erhalten. Dieser Deckel ist für die Forschung von großem Interesse, weil er innovative Dekorationselemente aufweist. Ein großes Paar *Udjat*-Augen sind in die Innenseite des Deckels graviert, direkt über den Augen der Mumie des Königs, damit dieser aus dem Sarg hinaus direkt in den Himmel blicken konnte. Unter dem rechten *Udjat*-Auge ist die folgende Inschrift eingraviert: »Ich habe deine Augen für dich geöffnet.« Über den Augen ist die Himmelsgöttin Nut abgebildet, die erstmals in einem solchen Kontext mit den schützenden Flügeln der Geiergöttin Nechbet versehen ist. Neben der Göttin stehen die Worte: »So spricht Nut: ›Ich bin gekommen, um mich über dir auszubreiten, damit dein Herz leben möge. [...] Ich umgebe dich, Neb-maat-Ra, und erleuchte deine Augen.‹«

Im Gegensatz zu vielen späteren Königsgräbern blieben große Teile von Amenophis' riesigem Grab ohne Dekoration. Nur der Schacht, der Vorraum und die Grabkammer des Königs sind ausgemalt. Szenen aus dem Totenbuch *Amduat* (wörtlich »Das, was in der Unterwelt ist«) schmücken die Wände der Grabkammer. Deren Pfeiler zeigen ebenso wie die Wände des Schachts und des Vorraums in eindrucksvollen Szenen Amenophis in Begleitung der Götter, die hier erstmals von den Göttinnen Hathor und Nut angeführt werden. Die Figur des *ka* (Seele) von Amenophis' Vater Thutmosis IV. umarmt den Sohn, ehe sie ihn ins Jenseits führt. Vorratsräume ergänzen jede der Grabkammern; sie enthielten die lebenswichtigen Vorräte und Geräte, die der König, seine Gemahlin und ihre älteste Tochter im Jenseits benötigten.

Nachdem sich Amenophis III. dieses Seitental als Ort für seine letzte Ruhestätte ausgesucht hatte, erhielten auf seine Veranlassung hin in der traditionellen Nekropole seiner Vorgänger, dem Tal der Könige, gewisse Adlige und Beamte ein Grab. Das Grab seiner Schwiegereltern Juja und Tuja, das weitgehend unversehrt geblieben ist, befindet sich gleich in der Nähe des Taleingangs (siehe Seite 70-71). Gleiches gilt für die bescheidenere Grabstätte des königlichen Wedelträgers Maiherpri, eines Hofbeamten.

Diese Szene stammt aus dem Grab der beiden königlichen Bildhauer Amenophis' III., Nebamun und Ipuki, in Theben. Zu sehen ist die Herstellung eines vergoldeten Grabschreins, wie er auch in Tutanchamuns Grab gefunden wurde. Solche Schreine wurden in den Gräbern um den Sarkophag mit der Mumie des Verstorbenen aufgestellt. Auch in Tempeln wurden in solchen Schreinen Kultstatuen der Götter aufbewahrt.

Etwa 40 weitere Gräber auf dem Westufer des Nils dienten vielen von Amenophis' ergebenen Beamten und Dienern als letzte Ruhestätte. Die Dekoration dieser Gräber ist längst nicht so formell wie die der königlichen Grabstätte; traditionelle Szenen und Motive wurden individuell interpretiert. Der Stil der Grabmalerei in den Beamtengräbern spiegelt die allgemeine Entwicklung in der Kunst während Amenophis' Herrschaftszeit wider: In den Abbildungen werden die Proportionen des menschlichen Körpers gedrungener, Taille, Brustkorb und Schenkel ausladender; die Frauenfiguren werden runder und sinnlicher. Das Haarvolumen nimmt stark zu, und die klaren Gesichtszüge der Figuren geben jene des Königs selbst wieder.

Die Männer, die das Reich des Königs unter Kontrolle hatten, wurden im Herzen dieses Reiches, in Theben, bestattet. Vizekönig Merimes etwa wurde in seinem Grab im heutigen Qurnet Murai mit einem schlangenförmigen Brustschmuck über seinem Herzen zur Ruhe gelegt, der laut Inschrift verhindern sollte, »dass sein Herz in der Totenstadt Widerstand gegen ihn entfacht«. Sein Körper wurde in nicht weniger als drei ineinander verschachtelten, großartig gearbeiteten Granitsarkophagen bestattet. Zu jenen, die in der Nähe des Hofes bestattet wurden, dem sie gedient hatten, zählen auch Userhet, der

## KÖNIGLICHE GRABBAUMEISTER

Die Männer, die das riesige Grab des Königs im Westtal erbauten, waren unter dem Namen »Diener des Ortes der Wahrheit« bekannt. Unter der Aufsicht ihres Vorarbeiters Cha arbeiteten sie sich mit Sticheln und Meißeln aus Kupfer und Bronze in den Kalkfelsen voran. Diese Metalle waren sehr wertvoll, und die Werkzeugausgabe zu Beginn einer jeden Schicht wurde von den Schreibern der Gruppe genau festgehalten.

Als die Grabräume weiter in den Felsen vorangetrieben waren, arbeiteten die Männer beim Licht von Lampen, in denen eine Mischung von Öl und Salz verbrannt wurde, um Rauchschäden zu vermeiden. Nach den Steinmetzen kamen die Arbeiter, die für das Glätten der Felswand und für das Verputzen zuständig waren, damit dann die Zeichner und Maler mit ihrer Arbeit beginnen konnten. Nachdem die Zeichner zur Wahrung der korrekten Proportionen ein Gitter von roten Hilfslinien auf den Putz gezeichnet hatten, entwarfen sie in roter Farbe die Szenen, ehe sie schließlich die Umrisslinien schwärz-

Zum Gründungsdepot von Amenophis' Grab gehören Modellwerkzeuge und kleine Tongefäße.

ten. Die Künstler malten dann die Figuren mit roter, blauer, grüner, gelber und weißer Farbe aus.

Die Arbeiter hatten Acht-Tage-Schichten, auf die zwei Ruhetage folgten. Sie schliefen oberhalb des Baugeländes in einem Lager aus mörtellosen Steinhütten. Nach Hause in das nahe gelegene Deir el-Medina kehrten sie nur nach jeder Arbeitswoche zurück. Verpflegt wurden sie von ihren Familien aus dem Dorf.

Vorsteher des königlichen Harims, Tejes Palastvorsteher Cheruef (genannt Senaa) sowie der Vorsteher der Kornspeicher in Unter- und Oberägypten, Chaemhet (genannt Mahu). In den Gräbern dieser Männer festgehaltene Alltagsszenen beschreiben auch die Nahrungsmittelproduktion. Einige der schönsten Beispiele finden sich im Grab des Felderschreibers Menna: Neben lebendigen Darstellungen der Landarbeit sind einige der aufreizendsten Frauengestalten der gesamten altägyptischen Kunst zu sehen. Die Bilder sind lebhafter Ausdruck für Fruchtbarkeit.

Obwohl die meisten Beamten in der Nähe ihres Königs in der Nekropole von Theben-West bestattet wurden, zogen andere die Bestattung an einem Ort ihrer Wahl vor. Viele Beamte fanden ihre letzte Ruhestätte in der Nekropole von Sakkara in der Nähe der alten Hauptstadt Memphis, wo sie ihren Dienst versehen hatten. Amenophis Hui, der Oberdomänenvorsteher von Memphis, hatte ein gut ausgestattetes Grab. Ptahmose, der Hohepriester des in Memphis beheimateten Gottes Ptah, wurde ebenso in der großen nördlichen Nekropole von Sakkara bestattet wie die Dame Henutnachtu und Merimeri, der Schatzhausvorsteher von Memphis. Merimeris Grab ist mit schönen Reliefs dekoriert, die den Besitzer des Grabes und seine Familie in ihrer Freizeit zeigen.

Südlich von Theben lag Sumenu (el-Riziquet), Kultzentrum des Krokodilgottes Sobek und Heimat einer ganzen Beamtendynastie, die dem König und schon dessen Vater Thutmosis IV. als Schatzverwalter gedient hatten. Der Schatzhausschreiber Nebsen und Nebet-ta, Sängerin der Isis, wurden dort wohl begraben, wie auch ihre Tochter Hatschepsut und ihr Schwiegersohn Sobeknacht. Das Grab des Schatzhausvorstehers Sobekmose, des Sohnes von Hatschepsut und Sobeknacht, enthält eine Bitte an die Himmelsgöttin Nut, den Verstorbenen unter die »unvergänglichen Sterne« aufzunehmen. Zu den Besonderheiten des Grabes gehören neben einem Zyklus von sieben Hymnen an Sonne, Mond und verschiedene Gottheiten ganz hervorragende Sandsteinreliefszenen, auf denen Sobekmose zu sehen ist, wie er Osiris und Anubis, die Götter des Lebens im Jenseits, salbt.

Die aufwändige Grabausstattung war zur Nutzung durch die Toten im jenseitigen Leben bestimmt. Unter den Gegenständen, die man im Grab von Amenophis' Bauaufseher Cha und seiner Frau Merit fand, war auch diese bemalte Holzkiste für Toilettenartikel. Sie enthielt Parfüm- und Kosmetikgefäße aus Glas und Alabaster.

# DIE FÜLLE
# DER BEIDEN UFER

## 17. JAHR (UM 1375 V. CHR.)

Ägypten war unter Amenophis III. mit guten Ernten und hoher Produktivität gesegnet. Eine Abfolge von Rekordernten, die um diese Zeit begann und bis gegen Ende der Regierungszeit andauerte, hielt man für das direkte Resultat der gottgleichen Fähigkeiten des Königs, dem Lande Fruchtbarkeit zu bringen. Die von fleißigen Bauern produzierten, stetig anwachsenden Getreideberge wurden in neuen, eigens zu diesem Zweck errichteten Kornkammern gelagert. Dazu gehörte auch der große Kornspeicher im Tempel von Karnak, der ursprünglich mit eindrucksvollen Relieffiguren des Königs dekoriert war.

Aus dem weiteren Verlauf der Regierungszeit Amenophis' III. sind einige Porträts von ihm erhalten, die die kreativen Energien der Sonne mit der Fruchtbarkeit der Erde und der Macht der Nilfluten verbinden – alles Aspekte, die in der Gestalt des Hapi vereint waren, der als Gott für den Überfluss stand, den die Nilfluten brachten. Gegen Ende seiner Herrschaft wurde Amenophis verjüngt als Hapi dargestellt – als jugendlicher, rundlicher, potenter Gott, der seinem Volke Wohlstand bringt.

Die alljährlichen Überflutungen des Nils waren für Ägypten in der Tat lebenswichtig, denn es regnet dort praktisch nicht. Der angeschwollene Nil überflutete das gesamte Flusstal von Anfang September bis Oktober. Wenn sich das Wasser zurückgezogen hatte, blieb eine dicke schwarze Schlammschicht zurück, die dem Land neues Leben verlieh, so dass die Felder bestellt werden konnten. Zusätzlich errichteten die Bauern ein System von Bewässerungskanälen, um die Reichweite der Fluten und damit auch die Produktivität zu erhöhen. Gepflanzt wurde von Mitte Oktober bis November, geerntet im folgenden Frühjahr (April bis Mai).

In jener Zeit arbeitete der größte Teil der Bevölkerung Ägyptens auf dem Land; in landwirtschaftlichen Szenen wurden die üblichen Darstellungen wie Pflügen, Säen, Mähen und Dreschen oft durch individuelle Porträts aufgewertet. Als größter Landbesitzer kontrollierte der Königshof das Land; es war in Domänen aufgeteilt, zu denen Dörfer, deren Feldfluren und die Menschen gehörten, die das Land bewirtschafteten. Die offizielle Position des »Vorstehers der Kornspeicher von Ober- und Unterägypten« wurde unter anderen von Chaemhet bekleidet. In den Reliefszenen seines Grabes wird er nach einer Serie von Rekordernten stolz vom König mit Ehrungen bedacht.

Menna war »Felderschreiber des Königs«. Sein Grab in Theben ist mit landwirtschaftlichen Szenen reich geschmückt.

# ZEIT ZUM SCHLEMMEN

## 18. UND 19. JAHR (UM 1374-1373 V. CHR.)

Dieser große Tonkrug für Wein hat die Gestalt des Gottes Bes, des Schutzgottes des Haushalts. Außerdem wurde Bes mit Festen, Trunkenheit und Musik in Verbindung gebracht.

Die Bevölkerung hatte während Amenophis' Regierungszeit reichlich zu essen, weil gute Ernten Korn in Hülle und Fülle hervorbrachten. Als Hauptnahrungsmittel wurden verschiedene Brotsorten gebacken, die alle Bewohner aßen. Dazu gab es Gemüse, Obst und Bier. Bei den Reichen kamen auch Fleisch und gute Weine auf den Tisch. In Tempelszenen werden häufig Nahrungsmittel dargestellt. Nach Tutanchamuns Bestattung verspeisten die Trauergäste ein üppiges Mahl aus neun Enten, vier Gänsen, Rinderbraten, Lammbraten und Brot. Dazu gab es erlesene Weine. In Gräbern wurden Reste verschiedener Nahrungsmittel gefunden – Cha und Merit etwa wurden in Deir el-Medina mit einem gut gefüllten Vorratsschrank bestattet.

Ägyptische Bäcker buken ihr Brot aus zwischen Steinen gemahlenem Emmerweizenmehl, das mit Wasser und Salz gemischt wurde, manchmal auch mit Eiern, Butter oder Milch. Sie fügten Nüsse, Gewürze, Samen oder Früchte hinzu, um viele abwechslungsreiche Brotsorten herzustellen, egal ob süß oder würzig. Ein Brotlaib war meist rund, dreieckig oder konisch, und manchmal versuchten sich die Bäcker auch an dekorierten Spiralformen, ja sie formten mit ihrem Teig sogar Ebenbilder von Mensch und Tier.

Die alten Ägypter aßen vielerlei Gemüse, darunter Zwiebeln, Lauch, Knoblauch, Bohnen, Erbsen, Linsen, Blattsalat und Gurken. In den Gräbern von Tutanchamun, Cha und Merit wurden auch Mandeln gefunden. Zum Kochen verwendete man aromatische Samen von Kümmel, Koriander oder Anis. Sesamsamen wurden separat gegessen oder – wie Oliven – zur Ölgewinnung verwendet. Wassermelonen waren beliebt, und Datteln, Feigen, Granatäpfel und Weintrauben wurden in großen Mengen verspeist. Außerdem nutzte man sie ebenso wie den Honig zum Süßen.

Die Wohlhabenden aßen regelmäßig Fleisch, meist vom Rind. Mit Schweinefleisch kombinierte man Lamm- und Ziegenfleisch. Priester durften in den Tempeln das Fleisch der Tieropfer zu sich nehmen, nachdem der Hunger der Götter gestillt war. Das galt auch für die Schweine, die Amenophis III. im Ptahtempel in Memphis opferte, und natürlich für die traditionellen Rinderopfer. Jäger erlegten wilde Hasen, Gazellen, Enten, Gänse, Wachteln und Tauben. Fische wurden meist getrocknet und gesalzen. Hühner wurden während Amenophis' Regierungszeit erstmals aus Syrien importiert. Kuhmilch war ein beliebtes Getränk, man stellte auch Butter und Käse daraus her.

Die Reichsten beschäftigten spezialisierte Köche und Küchenpersonal. Königin Tejes Chefkoch hieß Bakenamun. Als Haushofmeister des Königs im Malkata-Palast diente Neferrenpet, »der mit den reinen Händen, der Große in der Kammer des Herrn der Beiden Länder«.

Arme wie Reiche, Erwachsene wie Kinder genossen das ägyptische Standardgetränk: aus Gerste gebrautes Bier *(henket)*, das neben Brot das wichtigste Nahrungsmittel war. In einer rituellen Formel heißt es: »Gib mir tausend Laib Brot und tausend Krüge Bier.« Die Stärke des Bieres ließ sich am Farbton erkennen. Bier scheint damals ein ziemlich dickflüssiges Getränk gewesen zu sein, das man filtern musste, ehe man es trinken konnte. Oft fügte man Datteln oder Honig hinzu.

Ein Diener hütet Gänse. Detail aus einem Wandgemälde im Grab des Beamten Nacht.

Die Wohlhabenden schätzten auch den Wein. Entsprechend ist die Wein-
herstellung in vielen Grabszenen dargestellt. Die besten Weingegenden Ägyptens lagen im Norden: im Nildelta und in den Oasen Kharga und Dahla.
Gemeinsam mit Importweinen aus Syrien wurden die dort gewonnenen Weine
über Memphis nach Theben gebracht. Wein wurde nicht nur aus Trauben hergestellt, sondern auch aus Feigen, Granatäpfeln und Datteln. Ein Diener, der
gleichfalls Neferrenpet hieß, war in Amenophis' Totentempel als »Lieferant
süßen Dattelweins« beschäftigt. Manchmal setzte man dem Wein Honig und
Gewürze zu sowie wahrscheinlich – als natürliches Konservierungsmittel – auch
Myrrhen- und Pistazienharz.

Wein hieß *irep;* man unterschied einfach nach *irep*, *irep nefer* (»guter Wein«),
*irep nefer nefer* (»sehr guter Wein«) und *irep maa* (»echter bzw. sehr guter Wein«).
Man verwendete auch die Bezeichnungen *nedjem* (»süß«) und *sma* (»Verschnitt«)
sowie die Phrase »Wein im Werden« zur Bezeichnung von Wein, dessen Gärung
noch nicht abgeschlossen war. Manche Etiketten bezeichneten den Verwen-
dungszweck: »Opferwein«, »Wein für die Steuer« oder »Wein für die glückliche

Heimkehr« und »Wein für frohe Feste«. Jahrgangsweine standen hoch im Kurs:
In Tutanchamuns Grab fand sich ein Krug mit der Aufschrift »31. Jahr«, bezogen auf Amenophis' Herrschaft, also das Jahr 1361 v. Chr. Anders als sein Großvater muss Tutanchamun trockene Weine bevorzugt haben. Nur vier Krüge in
seiner großen Sammlung tragen die Aufschrift »süß«.

Außer großen Vorratskrügen und Amphoren stellten die Töpfer auch Wein-
krüge und Karaffen mit Köpfen der Göttin Hathor oder in Gestalt des Gottes
Bes her, der als Gott froher Feste und Schutzgott des Weines in erster Linie
zuständig war. Man trank den Wein aus kleinen Schalen und Pokalen, die aus
glasiertem Ton, Kalkspat, Glas, Silber, Gold oder Goldsilber hergestellt waren.

Alkohol war ein wichtiger Bestandteil gesellschaftlicher und religiöser
Feiern. Hathor war auch als »Herrin der Trunkenheit« bekannt, und während
ihres alljährlichen Festes wurden große Mengen Alkohol konsumiert. Bei Ban-
ketten floss der Wein in Strömen, wie in Festdarstellungen aus der 18. Dynastie
zu sehen ist. In einer solchen sagt ein weiblicher Gast: »Gib mir 18 Becher Wein,
denn ich will mich betrinken! Mein Inneres ist trocken wie Stroh.«

In diesem Wand-
gemälde aus dem
Grab des Chaem-
wese in Theben
beaufsichtigt der
Grabherr (ganz
links) die Wein-
produktion, von
der Lese über die
Kelter mit den
Füßen bis zum
Abfüllen in
Gefäße.

# DER KÖNIG UND DER
# BÜRGERLICHE

Von all seinen Ministern stand ein Namensvetter Amenophis III. am nächsten: der Schreiber Amenophis, Sohn des Hapu. Er stammte aus kleinen Verhältnissen und stieg zum Vorsteher aller Arbeiten des Königs in ganz Ägypten auf. Nach seinem Tod wurde er sogar zum Gott erhoben und bis in die römische Zeit hinein in ganz Ägypten verehrt.

Amenophis wurde um 1435 v. Chr., noch unter dem kriegerischen Pharao Thutmosis III., als Sohn des Hapu und der Itu geboren. Er stammte aus der nördlich des heutigen Kairo im Nildelta gelegenen Stadt Athribis. Als junger Mann wurde er in die örtliche Tempelschule geschickt, um dort die Fertigkeiten eines Schreibers zu erwerben – Vorbedingung für alle, die in höhere Ämter gelangen wollten. Laut Inschrift auf einer seiner Statuen wurde er dort »in die Bücher der Götter [die Tempelbibliothek] eingeführt und erblickte die Worte des Thot [die Hieroglyphen]; ich drang in ihre verborgenen Geheimnisse ein und lernte all ihre Geheimnisse kennen, und man befragte mich zu allen Einzelheiten dieser Worte«.

Als Amenophis III. den Thron bestieg, war der Sohn des Hapu wahrscheinlich schon Mitte vierzig. Er wurde königlicher Schreiber und Vorsteher der Priester des Horus Chentechtai von Athribis. In einer weiteren Statueninschrift beschreibt er sich im typisch ägyptischen Stil als »wirklich hervorragenden Schreiber, der Erste, der alles kalkulieren konnte«.

Der Ruf des Amenophis, Sohn des Hapu, muss an das Ohr des jungen Pharaos gedrungen sein, und so wurde er in den Süden, nach Theben, zitiert. Obwohl er die fünfzig schon überschritten hatte, was damals ein hohes Alter war, wurde er zum »Rekrutenschreiber« ernannt und erhielt damit die Verantwortung für sämtliche Soldaten im ganzen Land.

Seine erfolgreiche Arbeit in dieser Position wurde dadurch belohnt, dass er zum Vorsteher aller Arbeiten des Königs aufstieg. In diesem Amt war Amenophis, Sohn des Hapu, für die Beschaffung des Baumaterials für die königlichen Monumente verantwortlich, einschließlich der Tempel von Soleb und Karnak und der Statuen des Pharaos am Ostufer und Westufer des Nils in

Theben: »Ich beaufsichtigte die Herstellung des Bildes des Königs in jedem harten Stein, fest wie der Himmel, ich leitete die Arbeit an seiner Statue, die von großer Weite war. Ich habe nicht nachgeahmt, was man früher gemacht hat. [...] Und es hat seit der Gründung der Beiden Länder niemanden gegeben, der dasselbe getan hat.«

Seine hohe Wertschätzung für den Vorsteher brachte der Pharao öffentlich dadurch zum Ausdruck, dass er Statuen des Amenophis, Sohn des Hapu, entlang der Prozessionsroute im Tempel von Karnak aufstellen ließ. In einer Inschrift heißt es, der Schreiber selbst werde bei den Göttern im Namen aller intervenieren, die ihn darum bäten: »Ich bin der Sprecher, den der König ernannt hat, deine Bittstellungen anzuhören.« Dies ist nur ein weiteres Beispiel der Anerkennung Amenophis' III. für all jene, die ihm gute Dienste leisteten.

Der König bezog seinen Spitzenbeamten auch in den königlichen Haushalt ein, indem er ihn zum Vermögensverwalter seiner ältesten Tochter Sitamun machte. Die Inschrift auf einer Schreiberskulptur, die ihn als alten Mann zeigt, bezieht sich auf diese Stellung im königlichen Haushalt. Darin wird auch das Alter des Schreibers mit 80 Jahren angegeben, und es heißt weiter, er hoffe, das magische Alter von 110 Jahren zu erreichen.

Wir wissen nicht genau, wann Amenophis, Sohn des Hapu, während der Regierungszeit Amenophis' III. starb. Sein Grab befindet sich in der Nähe des königlichen Totentempels an einem Abhang in Qurnet Murai. Es war eine einzigartige Ehre, dass ihm hinter dem Totentempel seines Königs ein eigener Totentempel errichtet worden war. In den fragmentarisch erhaltenen Reliefs seines Tempels trägt der Schreiber das dekorierte Kopfband, mit dem an die Feierlichkeiten zum Thronjubiläum des Königs erinnert wurde, für deren Koordination er selbst verantwortlich gewesen war.

Der Ruhm des Schreibers nahm nach seinem Tod noch weiter zu. Sein Ruhm als Weiser dauerte auch in der 22. Dynastie noch an. Eine Inschrift aus dieser Zeit in Karnak preist ihn: »Oh Amenophis, mit deinem großen Namen kennst du die geheime Macht in den Worten der Vergangenheit, die aus der Zeit der Vorfahren stammen.«

Amenophis, Sohn des Hapu, der Lieblingsbeamte Amenophis' III. Diese Skulptur aus schwarzem Granit zeigt ihn als sitzenden Schreiber. Der Text, den er schreibt, bezieht sich auf die Arbeit an den Statuen des Königs, für die er verantwortlich war.

# HERR UND MINISTER

Im Spätsommer des Jahres 1372 v. Chr. residierten Amenophis und sein Hofstaat in der traditionellen Hauptstadt Memphis. Dort ernannte der König den Beamten Nebnefer zum »Oberkornzähler des Kornspeichers für die Opfergaben des Gottes Amun«. Es ist bezeichnend, dass aus der Regierungszeit Amenophis' III. mehr Beamte namentlich bekannt sind als aus der Regierungszeit jedes anderen Pharaos. Ihre Namen, Titel und Porträts sind auf Monumenten erhalten, die der König für sie errichten ließ – als Dank und Anerkennung für ihre Fähigkeiten und ihre Loyalität. An der Spitze der Hierarchie stand eine kleine Gruppe »handverlesener« Beamter, die Amenophis selbst ausgewählt hatte. Nach deren Leistungen zu urteilen, muss der König ein guter Menschenkenner gewesen sein.

In einer späteren Reliefszene aus Theben ist Amenophis III. in einer Zeremonie zu sehen, wie er dem Besitzer des Grabes, dem Vorsteher der Kornspeicher von Ober- und Unterägypten, Chaemhet, das goldene Schebiu-Ehrenhalsband überreicht. Hinter Chaemhet stehen seine Kollegen Schlange, um ähnliche Ehrenzeichen zu empfangen. Sie werden alle mit großen Mengen Parfümöl gesalbt. Außer Titeln, Goldhalsbändern, kostbaren Parfüms und Geschenken, die den Namen des Königs trugen, war die letzte und höchste Auszeichnung für loyale Diener des Pharaos ein schönes Grab, das den Namen des Beamten für die Ewigkeit erhalten sollte. Die Grabstätten wurden auf Anordnung des Königs gebaut und mit Kunstwerken aus den königlichen Werkstätten ausgestattet.

Während der gesamten Regierungszeit Amenophis' III. glänzte Merimes als Vizekönig von Nubien (Kusch). Geehrt wurde er durch drei ineinander ver-

Tiai war königlicher Schreiber und »Vorsteher der Stallungen des Pharaos«. Diese kleine Elfenbeinstatue zeigt den Stallmeister mit Doppelperücke, fein plissierter Leinentunika und vier goldenen Schebiu-Halsbändern.

schachtelte Sarkophage im königlichen Stil. Die Lage der hervorragend ausgestatteten Grabstätte der Schwiegereltern des Königs, des Kommandeurs der Streitwagentruppe, Juja, und seiner Frau, der Priesterin Tuja, im Tal der Könige belegt den Wunsch des Pharaos, mit der Tradition zu brechen. Er wollte auch vertrauten Beamten Privilegien gewähren, die zuvor allein der Königsfamilie zukamen.

Verwaltungsämter waren oft erblich. Sie wurden durch mehrere Generationen einer Familie weitergereicht, die dem jeweiligen Herrscher durch Bande der Loyalität und nachgewiesene Kompetenz verbunden war. Ein solcher Fall ist die Familie Sobek aus dem südlich von Theben gelegenen Sumenu. Nebsen diente Thutmosis IV. als Schatzhausschreiber. Nebsens Tochter Hatschepsut und ihr Mann, der Domänenvorsteher Sobeknacht, hatten drei Söhne: Iuni und Hui wurden ebenfalls Schatzhausschreiber, während Sobekmose als Schatzhausvorsteher fungierte und später zum Vorsteher der Bauarbeiten des Königs in Ober- und Unterägypten sowie zum Vorsteher der Bauarbeiten in Ipet (Luxor) befördert wurde. Sobekmoses Amtsnachfolger wiederum wurde sein Sohn Sobekhotep.

Erbliche Ernennungen waren zwar üblich, doch war es gleichwohl möglich, hohe Ämter allein durch eigene Fähigkeiten zu erringen. Das eindrucksvollste Beispiel für eine solche Karriere ist der Lieblingsbeamte des Königs, Amenophis, Sohn des Hapu, der aus kleinen Verhältnissen im Nildelta kam und Vorsteher aller Arbeiten des Königs wurde, ehe er schließlich sogar als Gott in ganz Ägypten verehrt wurde (siehe Seite 98–99).

Einige Beamte dienten mehreren Königen. Der Rekrutenschreiber Haremhab stellte in seinen Grabinschriften fest: »Ich folgte dem vollkommenen Gott, dem Herrn der Beiden Länder, Aacheperure [Amenophis II.], dem Leben gegeben wurde, und seinem Sohn, dem Herrn der Kronen, Mencheperure [Thutmosis IV.], dem Leben gegeben wurde, und seinem geliebten Sohn, dem Herrn des Fremdlandes, Neb-maat-Ra, dem Sohn des Re, Amenophis, Herrscher von Theben, den Amun liebt.« Der Bauaufseher in Deir el-Medina und Bildhauer Cha scheint ebenfalls allen drei genannten Pharaonen gedient zu haben.

Während der langen Regierungszeit Amenophis' III. änderten sich die Ämter und Titel, als die Beamtenschaft wuchs. Dem König vertraute Männer wurden rasch befördert und häuften eindrucksvolle Titelsammlungen an. Oberster Verwaltungsbeamter war traditionell der Wesir, der als weltlicher Stellvertreter des Königs fungierte, so wie der Hohepriester den Pharao in religiösen

Angelegenheiten vertrat. Der Wesir war an allen Regierungsgeschäften beteiligt. Seine Aufgabe war nicht einfach, denn er mußte eine riesige Bürokratie effizient führen. Thutmosis III., der Großvater Amenophis' III., sagte seinem Wesir: »Gib gut Acht auf dein Amt und auf alles, was in seinem Namen geschieht, denn es erhält das gesamte Land aufrecht. Das Amt des Wesirs ist überhaupt nicht süß, es ist in Wahrheit bitter wie Galle.« Vier Wesire dienten Amenophis III.: Amenophis Hui, Aper-el, Ramose und Ptahmose. Ramose, der auch dem Sohn und Nachfolger des Königs, Amenophis IV., diente, teilte sich das Amt mit seinem Kollegen Ptahmose. Letzterer war während der ersten Hälfte der Regierungszeit Amenophis' III. Wesir des Südens; er hatte wahrscheinlich auch schon Thutmosis IV. gedient.

Der Wesir arbeitete eng mit dem Schatzmeister zusammen. Letzterer war »Vorsteher der Dinge, die versiegelt sind« und hatte somit Zugang zu vertraulichen Informationen. Zu den Pflichten des Schatzmeisters gehörte traditionell die Organisation von Expeditionen, die ausgesandt wurden, um für die Bauvorhaben des Königs Steine und Mineralien zu holen. Doch Amenophis III. übertrug diese Aufgabe dem Vorsteher des Schatzhauses. Da zu dessen Aufgabenbereich nun auch die Organisation von Baumaterial gehörte, erhielt er einen weiteren Titel: Vorsteher der Arbeiten. In Amenophis' Regierungszeit war Sobekmose berühmt dafür, dass er erfolgreich Alabaster aus den Steinbrüchen von Hatnub herbeischaffte.

Ägyptens wichtigste Quelle des Wohlstands war das Getreide. Darum war das Amt des Vorstehers der Kornspeicher in Ober- und Unterägypten auch ein zentraler Posten. Vorsteher der Kornkammern wurden auch von den einzelnen Tempeln beschäftigt, die ebenfalls eigene Verwalter für ihre zahlreichen Domänen hatten. Die persönlichen Güter des Königs wurden durch eigens ernannte Verwalter in gutem Zustand erhalten.

Das Amt des Schreibers war die Grundlage der gesamten Verwaltung. Auch Amenophis, Sohn des Hapu, war ursprünglich Schreiber. Zwei Figuren des Nebmerutef, des königlichen Schreibers und Siegelbewahrers, zeigen ihn unter den wachsamen Augen des Gottes Thot, des Gottes der Weisheit und Schutzpatrons der Schreiber, bei der Arbeit an einem Text.

An der Spitze der Priesterschaft standen die Priester (Propheten) des Amun; ihr Zentrum war Karnak. Das Gegengewicht zu deren Macht bildeten die Priester des Schöpfergottes Ptah in Memphis. Der Hohepriester des Ptah trug auch den Titel »Vorsteher der Priester von Ober- und Unterägypten«. Zusätzlich

hatte jeder Tempel in Ägypten seinen eigenen Hohepriester – mit unterschied-lichen Machtbefugnissen, je nachdem, wie wichtig ihr Gott im nationalen Maßstab war. Eine sehr einflussreiche Gestalt war Taitai, der Hohepriester des Gottes Horus und der »Größte der Fünf im Tempel des Thot«, der »Einzige im Herzen des Königs, der ohne Fehl ist«. Andere Priester hatten spezielle Auf-gaben: Thutmosis genannt Parai war »Hüter des Geheimnisses des Kastens des Anubis, Sem-Priester im Pernefer und Einbalsamierer«. Nacht war als Astronom (»Stundenpriester«) zuständig für das Studium der Gestirne und für die Festlegung günstiger Zeiten für wichtige Rituale.

Auch Frauen dienten als Priesterinnen – ihre Rolle bestand aber weit-gehend darin, die Götter mit Musik und Tanz zu unterhalten und zu stärken. Tuja, die Mutter von Königin Teje, war »Sängerin des Amun«, »Sängerin der Hathor«, »Leiterin der Unterhalter des Amun« und »Leiterin der Unterhalter des Min«.

Der Wesir Ramose in einer Reliefszene in seinem Grab. Er wird mit der tra-ditionellen Tracht des Wesirs und mit zahlreichen Halsketten dar-gestellt (darunter zwei Schebiu-Halsbänder). Als Amtsinsignie hält er einen Stab. Priester sind da-mit beschäftigt, den Wesir ze-remoniell zu reinigen.

Viertes Kapitel

# DIE LEUCHTENDE SONNE

UM 1371–1362 V. CHR.

Das idealisierte Gesicht dieser Statue aus rotem
Quarzit, die zur Zeit des ersten Sedfests im 30.
Regierungsjahr Amenophis' III. entstand, stellt
den König in seiner göttlichen Gestalt dar.

# DER OBERBEFEHLSHABER
# DER ARMEE

## 21. JAHR (UM 1371 V. CHR.)

Den Status seines Landes als herausragende Großmacht der Epoche hielt Amenophis III. weniger durch eine systematische Aggressions- und Unterwerfungspolitik als durch die hohe Kunst der Diplomatie aufrecht. Truppenteile, die nicht mehr für Feldzüge gebraucht wurden, wurden zum Schutz der Grenzen wie auch der Handelsstraßen und Minen eingesetzt, denen Ägypten seinen Reichtum verdankte. Gelder, die früher in militärische Unternehmungen geflossen waren, verwendete der König nun für seine gigantischen Bauprojekte. Aber auch nach dem erfolgreichen Feldzug in Nubien (um 1387) vernachlässigte Amenophis seine Streitkräfte nicht, wie neuere ägyptologische Forschungen ergeben haben.

Amenophis III. scheint der erste ägyptische König gewesen zu sein, unter dem die Streitwagen zu einem eigenständigen Truppenteil wurden. Er gründete eine Eliteeinheit mit Namen »Marijannu« und ernannte seinen Schwiegervater Juja zum »Stellvertreter Seiner Majestät bei der Streitwagentruppe«. Auch sonst spielten Pferde eine immer größere militärische Rolle in der Armee. Wahrscheinlich wurden zur selben Zeit erstmals berittene Truppen eingesetzt.

Der Pharao war Oberbefehlshaber der Armee. Während der 18. Dynastie war das kein leeres Wort: Es kam vor, dass die Könige ihre Truppen in der Schlacht selbst kommandierten, und wahrscheinlich hat auch Amenophis III. an dem Feldzug in Nubien teilgenommen. Meist wurde der König im Felde jedoch von seinen Kommandeuren vertreten. Auf einem Peitschengriff im Grab Tutanchamuns fand sich der Hinweis auf einen »Königssohn und Truppenkommandeur« namens Thutmosis, möglicherweise der gleichnamige älteste Sohn von Amenophis III. oder ein Sohn von Thutmosis IV.

Ein Teil der Männer, die unter Ameno-
phis dienten, hatte sich bereits unter seinem
Vorgänger bewährt. So behielt der »Leiter der
Polizei in Theben-West«, Nebamun, auch
nach der Thronbesteigung des neuen Königs
seinen Posten; sein Bruder Turi amtierte am
anderen Nilufer als »Leiter der Polizei in
Theben [Ost]«. Von einem Rekrutenschreiber
namens Haremhab wissen wir, dass er gleich
unter drei Königen diente: »Ich folgte dem
vollkommenen Gott, dem Herrn der beiden
Länder, Aacheperure [Amenophis II.], dem
Leben gegeben sei, und dessen Sohn, den er
liebt, dem Herrn der Kronen, Mencheperure

[Thutmosis IV.], dem Leben gegeben sei, und dessen Sohn, den er liebt, dem
Herrn des Fremdlandes, Neb-maat-Ra, dem Sohn des Re, Amenophis, Herrscher von Theben, von Amun geliebt.«

Offiziere mit dem Titel Standartenträger befehligten Kompanien von 200
bis 250 Fußsoldaten; jede Kompanie bestand aus Zügen mit je 50 Mann, die in
Gruppen zu zehn Mann untergliedert waren. Die großen, bis zu 5000 Mann
umfassenden Divisionen waren nach ägyptischen Gottheiten wie Amun und
Ptah benannt. In Friedenszeiten war die Armee in zwei große Verbände unter-
teilt, die in Memphis und Theben stationiert waren. Während der 18. Dynastie
stand ihnen ein großes Arsenal an Defensiv- und Offensivwaffen zur Verfügung,
darunter die sichelförmigen *Chepesch*-Schwerter, wie sie auf Darstellungen des
Königs und seiner Truppen zu sehen sind. Auch Dolche waren in Gebrauch.
Eine besonders wichtige Waffe war der Bogen, gekonnt geführt von Männern
wie Wesi, dem »Vorsteher der Bogenschützen des Herrn der Beiden Länder«.
Auch Rüstungen kamen zu dieser Zeit in Gebrauch. Zur Grabausstattung
Tutanchamuns gehörte eine ganze Garnitur, bestehend aus Lederrüstungen und
acht Schilden.

Ägypten unterhielt auch eine königliche Flotte, bestehend aus Schiffen mit
Namen wie »Der Herrscher ist stark« und »Stern in Memphis«. Als Flaggschiff
diente das Schiff des Königs, das den Namen *Cha-em-maat* (»In Wahrheit erschienen«) trug und von dem Truppenkommandeur Nebenkemet aus Sedment
befehligt wurde.

Dieser Aus-
schnitt aus einem
bemalten Relief
im Totentempel
Hatschepsuts in
Deir el-Bahari
zeigt die Militär-
eskorte einer
Handelsexpedi-
tion ins Ausland.
Die Ausrüstung
der Soldaten ist
typisch für die
Mitte der 18. Dy-
nastie.

# KINDER DES
# VOLLKOMMENEN GOTTES

## 22. JAHR (UM 1370 V. CHR.)

In zwanzig Ehejahren hatten Amenophis III. und seine Große königliche Gemahlin Teje mehrere Kinder hervorgebracht. Der älteste Sohn und Thronerbe war Thutmosis, benannt nach seinem Großvater Thutmosis IV. Anders als die meisten Königssöhne dieser Dynastie, die nur selten gemeinsam mit ihrem Vater dargestellt wurden, finden sich Szenen von Amenophis und Thutmosis, auf denen der Prinz eine offizielle Funktion ausübt. Amenophis verlieh seinem geliebten Sohn zahlreiche Titel, vor allem in Verbindung mit Memphis und dem dortigen Ptahtempel, zu dessen Hohepriester Thutmosis, der zuvor die Funktion eines Sem-Priesters ausgeübt hatte, ernannt wurde.

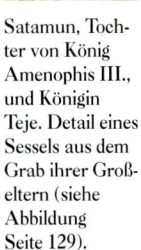

Satamun, Tochter von König Amenophis III., und Königin Teje. Detail eines Sessels aus dem Grab ihrer Großeltern (siehe Abbildung Seite 129).

Als Hohepriester des Ptah unterstützte Thutmosis seinen Vater bei der Begräbniszeremonie des ersten Apisstieres in Sakkara. Doch dann starb der Prinz vor seinem Vater, und die Thronfolge ging auf dessen zweiten Sohn Amenophis über, der seinen Königsnamen Amenophis IV. später in Echnaton umwandelte. Die These, Amenophis III. und Echnaton hätten eine Zeit lang gemeinsam regiert, ist noch immer nicht bewiesen; den einzigen sicheren Hinweis auf Prinz Amenophis aus der Regierungszeit seines Vaters liefert das Siegel eines Gefäßes mit der Inschrift »Besitz des Königssohnes Amenophis«.

Reliefs und Statuen stellen Amenophis III. häufig mit seiner Mutter Mutemwia, seiner Hauptfrau Teje und deren Töchtern dar, von denen vier sicher dokumentiert sind: Satamun (die älteste Tochter), Henut-tau-nebu, Isis

**ALTER: 33** · **JAHR: UM 1370 V. CHR.**

und Nebet-ah. Satamun und Isis wurden im 30. beziehungsweise 34. Regierungsjahr zu Großen königlichen Gemahlinnen ihres Vaters ernannt. Das weist wahrscheinlich nicht auf eine inzestuöse Beziehung hin, sondern darauf, dass Hathor, die Lieblingsgöttin von Amenophis, gleichermaßen als Mutter, Gattin und Tochter des Sonnengottes Re angesehen wurde.

Auf einem Relief im Grab von Tejes Palastvorsteher Huia in Amarna taucht in Begleitung von Amenophis und Teje ein kleines Kind auf, die Prinzessin Beketaten. Wer ihre Eltern waren, ist ungewiss, doch könnte es sich um die jüngste Tochter des Königspaares gehandelt haben. Von einer weiteren möglichen Königstochter namens Ini wissen wir nur durch einen Kanopenkrug aus einem Gruppengrab von Frauen vom Hofe des Königs. Sechzehn namenlose, als »Kinder des Königs« bezeichnete Prinzessinnen sind im Grab des Palastvorstehers Cheruef hinter der Gestalt Tejes abgebildet. Vielleicht stammen sie von Amenophis' Nebenfrauen ab.

Zwei namenlose »königliche Kinder« mit Seitenlocken und kleinen Kronen schütteln während eines Sedfests Sistren (rituelle Rasseln). Detail eines Kalksteinreliefs im Grab des Cheruef in Theben.

# DER PRINZ
# UND DER APISSTIER

## 23. UND 24. JAHR (UM 1369–1368 V. CHR.)

In Memphis, der nördlichen Hauptstadt von Ägypten, ließ der König einen neuen Tempel für den Schöpfergott Ptah errichten. Er wurde »Neb-maat-Ra, vereint mit Ptah« genannt und war mit mehreren Kolossalstatuen des Gottes in Quarzit geschmückt. Später verlieh Amenophis seinem ältesten Sohn und Erben Thutmosis den prestige-trächtigen Titel des dortigen Hohepriesters des Ptah.

Diese bemalte Statuette eines Priesters mit Opfertisch stellt möglicherweise Amenophis' Sohn Thutmosis, den Hohepriester des Ptah in Memphis dar.

Die Verantwortung für den Bau des Ptahtempels übertrug Amenophis seinem Oberdomänenvorsteher in Memphis, Amenophis Hui, der den Titel »Leiter der Bauarbeiten im Tempel ›Neb-maat-Ra, vereint mit Ptah‹« erhielt. Unweit der Statue des Königs wurde auch ihm im Tempel eine Statue errichtet. Neben dem Hinweis, dass Hui dem Tempel eine Schenkung machte, findet sich darauf der Satz: »Seine Majestät lobte mich wegen meiner Schenkungen und gab mir einen herausragenden Platz in ihrem Herzen.« Weiter besagt die Inschrift: »Diese Statue wurde mir vom König geschenkt und im Hause des ›Neb-maat-Ra, vereint mit Ptah‹ aufgestellt. Seine Majestät schenkte mir ein Gottesopfer, das von Ihrer Statue in Ihrem Tempel herauskommt. Wenn der Gott sich gesättigt und sein Standbild sein Mahl empfangen hat, nimmt der Vorlesepriester die Opfergaben, worauf sie vom Dienst tuenden Wab-Priester mir demütigem Diener dargeboten werden.«

Das Personal des Tempels entstammte den vornehmen Familien von Memphis. An der Spitze der Priester, die als »Diener des Gottes« oder »Propheten« bezeichnet wurden, stand der Erste oder Hohepriester. Der Hohepriester von Memphis wurde als »Größter der Leiter der Handwerker« bezeichnet, weil Ptah als

Schöpfergott auch der Schutzgott der Handwerker war. Zudem trug er den Titel »Vorsteher der Priester von Ober- und Unterägypten«. Seine Kennzeichen waren die an der Seite der kurzen runden Perücke angebrachte Locke und der Brustschmuck mit einem Schakalskopf. Zur Zeit von Amenophis hatte dieses Amt erst Ptahmose, Sohn des Thutmosis, inne, dann Ptahmose, Sohn des Mencheper, und schließlich Kronprinz Thutmosis, zuvor Sem-Priester.

Als Hohepriester unterstützte Thutmosis, wie bereits erwähnt, seinen königlichen Vater bei der Bestattungszeremonie des ersten Apisstiers in Sakkara. Von diesem Ereignis wissen wir durch die Reliefs in der dort von Amenophis erbauten Kapelle. Der Apisstier war ein heiliges Tier, dessen göttliche Natur durch eine Reihe weißer Abzeichen auf der schwarzen Haut bestätigt wurde. Er wurde als Verkörperung des Ptah verehrt und lebte in einem Heiligtum unweit des Ptahtempels von Memphis. Nach seinem Tod nahm der Stier die Gestalt von Osiris als Gott der Totenwelt an; in späteren Zeiten wurde der Name »Osiris-Apis« in den des Gottes Serapis umgewandelt. Dass der König den bis in die 1. Dynastie zurückreichenden Apiskult förderte, verweist nicht nur auf seine Begeisterung für die traditionellen Bräuche, sondern auch auf sein Interesse an Tierkulten. Durch die Assoziation des Königs mit Löwen, Krokodilen, Widdern und Stieren konnte eine Reihe seiner Attribute hervorgehoben werden. So war etwa die Kraft des Stieres eines der geläufigsten Symbole für die Macht des Königs. Zudem war der Apisstier ja eine Verkörperung des Ptah, und wenn der König die Ptahpriester von Memphis förderte, schuf er ein wirksames Gegengewicht zur Macht der Amunpriester im Süden.

Der Apisstier wurde gemäß den traditionellen Riten mumifiziert. Es herrschte Staatstrauer, während eine Prozession ihn zu der nahe bei Memphis gelegenen Nekropole Sakkara brachte, wo er in einem eigenen Grab bestattet wurde. Hier legte man ihn in einen wuchtigen Granitsarkophag, zu dem eine Reihe riesiger Kanopenkrüge gehörte. Die Kanopenkrüge des ersten zur Zeit von Amenophis III. bestatteten Stieres haben Verschlüsse in Gestalt von Menschenköpfen, die die Gesichtszüge des Königs tragen. Auf Krügen aus Keramik und Alabaster findet sich auch der Name von Prinz Thutmosis.

Die Leber des ersten im Serapeum von Sakkara bestatteten Apisstieres befand sich in diesem riesigen Kanopenkrug aus Kalkstein. Geleitet wurden die Bestattungszeremonien vom König und dessen als Hohepriester fungierenden Sohn Thutmosis.

# DER KATZENLIEBHABER

Dass Amenophis und seine Familie große Katzenliebhaber waren, zeigt sich an den vielen Katzendarstellungen dieser Epoche. Besonders der älteste Sohn des Königspaares, Kronprinz Thutmosis, hatte offenbar eine enge Beziehung zu seiner Lieblingskatze. Bezeichnenderweise ist der junge Mann, der die Bestattung des ersten Apisstieres in einem gewaltigen Granitsarkophag leitete, heute wohl hauptsächlich wegen des winzigen Kalksteinsarkophags bekannt, in dem er sein Schoßtier bestatten ließ.

Das in der Nähe von Memphis entdeckte Tiergrab ist ein bedeutendes historisches Dokument, da auf ihm sämtliche Titel von Thutmosis genannt werden: »Kronprinz, Vorsteher der Priester von Ober- und Unterägypten, Hohepriester des Ptah in Memphis und Sem-Priester«. Die Katze des Prinzen trug den Namen Ta-Miu (Katzendame). *Miu*, das ägyptische Wort für Katze, bezieht sich auf die typischen Laute des Tieres. Der Name Ta-Miu findet sich nicht weniger als elfmal auf dem Sarkophag, begleitet von einer Darstellung des ein verziertes Halsband tragenden Tieres. Es sitzt vor einem Opfertisch mit einer großen Ente. Auch in mumifizierter Form ist Ta-Miu dargestellt. Ebenso wie die menschliche Mumie wird die Katzenmumie von Osiris' Schwestern Isis und Nephthys beschützt. Schutz, heißt es, gewährten ihr auch die vier Söhne des Horus; in Gebeten wird zudem die Himmelsgöttin Nut angerufen.

Die religiöse Symbolik der Katze hatte einen großen Einfluss darauf, wie das Tier in Grabmalereien dargestellt wurde. Aus der Sicht von Amenophis III. war die Katze besonders als Vertreterin des Sonnengottes Re von Bedeutung. In Spruch 17 des ägyptischen *Totenbuchs* wird dieser als »Großer Kater« bezeichnet. Auf Grabszenen stellt Re in Katergestalt die Ordnung wieder her, indem er der unheilvollen Schlange Apophis den Kopf abschlägt; eine Parallele zur Aggressivität, mit der Wildkatzen mit Schlangen umgehen.

Auch auf weibliche Göttlichkeit und Tapferkeit bezog sich das Bild der Katze. Als domestizierte Form des wilden Tieres – eine Parallele zur »Zahmheit« der Hathor im Gegensatz zur Wildheit der Sechmet – wurde sie in Form der Göttin Bastet verehrt, deren Namen die Hieroglyphe für ein Salbgefäß aus Alabaster *(bas)* enthält. Wörtlich übersetzt bedeutet er einfach »Die zum Salbgefäß gehört«. Das könnte sich zwar ausschließlich auf die zu ihrem Kult

Bei der Jagd auf Wasservögel am Nilufer hilft die Katze des Schreibers Nebamun beim Einfangen der Beute. Das hektische Flattern der Vögel, dem die Katze ein Ende macht, symbolisiert Unordnung und Chaos. Detail aus dem heute zerstörten Grab Nebamuns in Theben.

gehörende rituelle Reinheit beziehen, doch ist interessant, dass Bastet ursprünglich als Mutter des Nefertem galt, des jungen Lotosgottes. Sie stellte also das Gefäß dar, in dem der Lotos sich befand.

Salbgefäße wurden manchmal sogar in Gestalt von Katzen geschnitzt. Aus der 18. Dynastie kennen wir eine Anzahl königlicher Parfümfläschchen mit diesem Motiv; ein weiteres Exemplar aus dem Neuen Reich hat die Form einer Wildkatze. Das könnte damit zu tun haben, dass der König sich bei der Neujahrszeremonie mit dem Lotosparfüm des Nefertem salbte, um sich vor Schaden zu schützen. Nefertem, der »Beschützer der Beiden Länder«, wurde mittlerweile als Sohn der Löwengöttin Sechmet bezeichnet.

# EIN HARIM FÜR AMUN

## 25. JAHR (UM 1367 V. CHR.)

In den mittleren Jahren seiner Regierungszeit begann Amenophis mit dem Bau des Tempels »Südliches Ipet«, dessen spätere arabische Bezeichnung el-Aksur (die Schlösser) der heutigen Stadt Luxor ihren Namen gab. Unter allen Bauten des Königs in Theben ist der fünf Kilometer südlich von Karnak am Ufer des Nils stehende Tempel von Luxor am besten erhalten. Dem Amun geweiht, wurde er als der »südliche Harim« (in der Bedeutung von »Privatgemach«) des Gottes bezeichnet. Der Tempel war das Kultzentrum für die göttliche Lebenskraft *ka*, die dem König zu Eigen war. Mit Hilfe des Gottes Amun erneuerte dieser hier seine Kräfte beim jährlichen Opetfest, gestiftet von der Pharaonin Hatschepsut.

An einem Ort, der mindestens ab der 12. Dynastie dem thebanischen Gott Amun geweiht war, hatte Hatschepsut eine kleine Opetkapelle erbaut, um den herum Amenophis einen gewaltigen Tempel errichten ließ. Er renovierte die Kapelle, schuf aus den sie umgebenden Räumen einen wesentlich größeren Palast und ließ einen Innenhof mit perfekt proportionierten Papyrusbündelsäulen erbauen, zu dem ein 52 Meter langer Säulengang führte. Neuere Untersuchungen haben ergeben, dass Säulenhof und -gang die letzten Bauten des Königs waren, da der Tempel vom Allerheiligsten ausgehend erbaut und geschmückt wurde. Zu den Räumen gehört die Geburtshalle, ausgestattet mit Darstellungen der göttlichen Empfängnis von Amenophis. Sie wurden rechtzeitig für das erste Sedfest vollendet, mit dem der König den 30. Jahrestag seiner Thronbesteigung feierte (siehe Seite 136).

Amenophis verwirklichte zudem den Plan Hatschepsuts, die Tempel von Luxor und Karnak durch einen in Nord-Süd-Richtung verlaufenden Prozessionsweg zu verbinden, den Sphingen mit Widderhäuptern flankierten. Vor dem Tempel von Luxor ließ er einen »Aussichtsplatz« *(maru)* mit einem von Gärten

umgebenen See erbauen. Darüber heißt es auf der Stele seines Grabtempels in Kom el-Hetan: »Ich schuf einen Aussichtsplatz vor dem Südlichen Ipet für meinen Vater Amun, einen Ort der Erholung für ihn an seinem wunderschönen Opetfest. Er ist bepflanzt mit allen Arten von Blumen, und Nun ist glücklich in seinem See. Er enthält mehr Wein als Wasser und quillt über wie Hapi bei der

## DAS OPETFEST

Der Tempel von Luxor, das »Südliche Ipet«, wurde eigens für das jährliche Opetfest (oder Ipetfest) erbaut; es wurde während des zweiten Monats der Nilüberflutung begangen. Bei dem von Königin Hatschepsut gestifteten Fest erneuerte der Pharao seine Kräfte durch den Kontakt mit dem Reichsgott Amun.

Bei den Zeremonien wurden die Kultstatuen von Amun, dessen Gemahlin Mut und deren gemeinsamem Sohn Chons auf heiligen Barken aus dem Tempel von Karnak getragen und nach Luxor gebracht.

Im Allerheiligsten des Tempels von Luxor fand anschließend die rituelle Vereinigung von Amun mit der Mutter des regierenden Monarchen statt, damit diese erneut die königliche Lebenskraft *ka* gebären konnte. Auf dem Höhepunkt des Festes betrat der König selbst das Heiligtum, verschmolz bei einem geheimen Ritual mit seinem neugeborenen *ka* und erschien wieder als Sohn des Amun-Re, erfüllt mit göttlicher Kraft.

Auf Tempelreliefs sind die einzelnen Phasen dieses bedeutsamen Ereignisses dargestellt. Reliefs in dem von Amenophis III. erbauten Säulengang zeigen die Barken der thebanischen Göttertrias bei ihrer Reise über den Fluss. Unter den Augen einer großen Menschenmenge wurde sie dann im Tempel von Luxor von Tänzerinnen begrüßt und erhielt Opfergaben in Form von Fleisch und Brot. Hatten die Götter ihr Mahl empfangen und genossen, wurde es an die wartende Menge verteilt.

Das dunkle Allerheiligste des Tempels ist mit Szenen der geheimnisvollen Rituale dekoriert, darunter die Szenen der göttlichen Geburt, bei der Amun sich mit der Königinmutter vereinigte.

Kahlköpfige Priester führen bei einer Prozession des Opetfests einen gemästeten Opferstier. Detail eines Reliefs aus ramessidischer Zeit.

Überschwemmung. Ein Wohnsitz des Gottes der Ewigkeit, ist er reich an Opfergaben. Alle fremden Länder zollen ihm Tribut, denn zahlreiche Gaben werden als Tribut für Amun gebracht, [...] Silber, Gold, Rinder, alle Arten kostbarer Steine, zu Millionen, zu Hunderttausenden, zu Zehntausenden und zu Tausenden. Ich tat dies für den, der mir seine Zuneigung schenkte, denn er berief mich zur Sonne der Neun Bogen [der traditionellen Feinde Ägyptens], zum König von Ober- und Unterägypten, Neb-maat-Ra, dem Bild des Re, dem Sohn des Re, Amenophis, Herrscher von Theben.«

Neben der Errichtung des neuen Tempels von Luxor setzte Amenophis auch seine Bautätigkeit am Ostufer von Theben fort. Ipet-Sut, der größere Komplex von Karnak, erhielt neuen Glanz durch die Vollendung des dritten Pylons. Das monumentale Tor bildete damals den Zugang zum Tempel (siehe Seite 54). In Inschriften an der Ostfassade bezeugt Amenophis seine Verehrung des Amun-Re; auf Reliefs bringt der König dem Amun, dessen Gemahlin Mut und deren Sohn Chons Opfergaben dar. Dargestellt ist auch die Prozession der Göttertrias beim alljährlichen Opetfest. Auch die Westfassade des fünften Pylons erhielt Reliefporträts des Königs; zudem wurde mit der Arbeit an einem weiteren, nach Süden ausgerichteten Pylon begonnen. Vor der Südfassade dieses Tores stand die größte Statue, die je in Ägypten errichtet wurde, eine massive Quarzitskulptur von Amenophis III. (siehe Seite 124).

## ERBAUT ZU EHREN DER GÖTTER

Eine Stele im Totentempel von Amenophis III. verdeutlicht, was den König bei seinen Bauten bewegte: »Es gefiel meinem Herzen, gewaltige Monumente zu erschaffen, wie es sie seit Anbeginn der Beiden Länder nie gegeben hatte.« Gemeint sind nicht zuletzt die Tempel von Luxor und Karnak.

Über den Tempel von Luxor heißt es: »Der König von Ober- und Unterägypten, Herr der Beiden Länder, Neb-maat-Ra, Erbe des Re, Sohn des Re, Herr der Diademe, Amenophis, Herrscher von Theben, ist zufrieden mit dem Werk, das im südlichen Ipet für seinen Vater Amun geschaffen wurde, den Herrn der Throne der Beiden Länder. Es ist aus feinem Sandstein, sehr weitläufig und groß und unglaublich schön. Seine Wände sind aus feinem Gold, sein Pflaster ist aus Silber, all seine Tore sind mit Gold geschmückt. Seine Tore erheben sich in den Himmel, und seine Fahnenmasten streben empor zu den Sternen. Alle, die den Tempel sehen, preisen Seine Majestät.«

Die Inschrift bezieht sich auch auf den dritten Pylon von Karnak: »Der König schuf ein weiteres Denkmal für Amun, ein sehr großes Tor zu Amun-Re, dem Herrn der Throne der Beiden Länder, ganz mit Gold bedeckt und geschmückt mit dem gemeißelten Bild des Gottes als Widder, eingelegt mit echtem Lapislazuli und verziert mit Gold und kostbaren Steinen. Dergleichen hat man nie zuvor geschaffen. Es ist gepflastert mit reinem Silber; an beiden Seiten des äußeren Tores stehen Stelen aus Lapislazuli. Seine beiden Seiten reichen empor in den Himmel wie die vier Pfeiler des Himmels. Seine mit Gold verzierten Fahnenmasten streben gen Himmel.«

0    25    50m

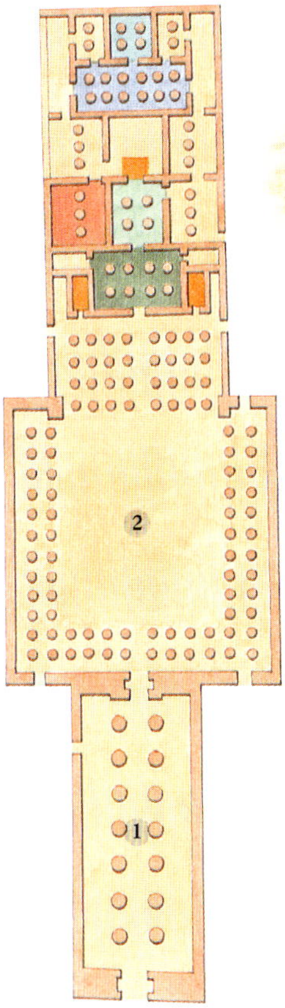

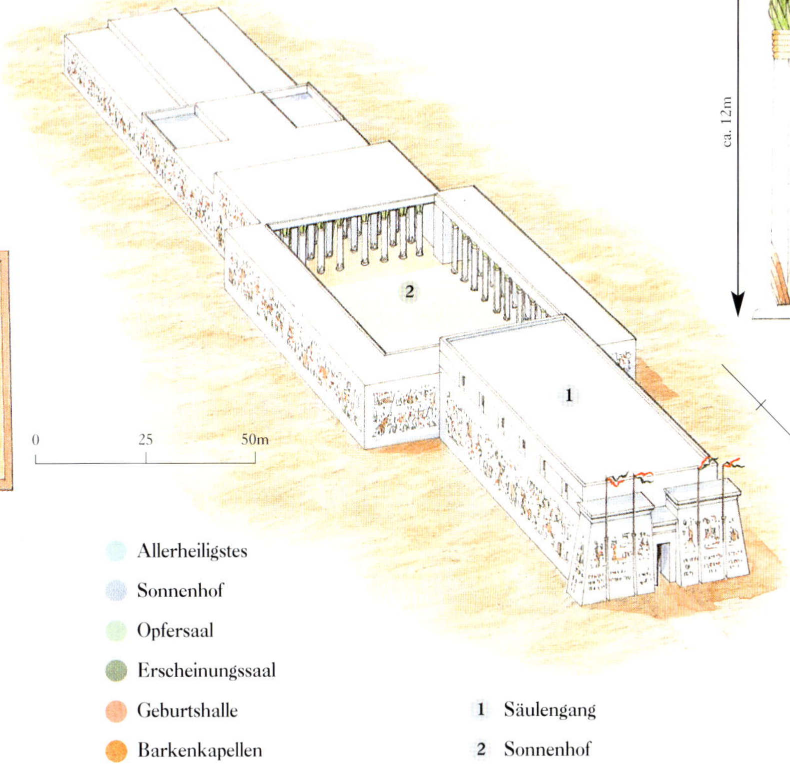

ca. 12m

N

○ Allerheiligstes

○ Sonnenhof

○ Opfersaal

○ Erscheinungssaal

○ Geburtshalle

○ Barkenkapellen

1  Säulengang

2  Sonnenhof

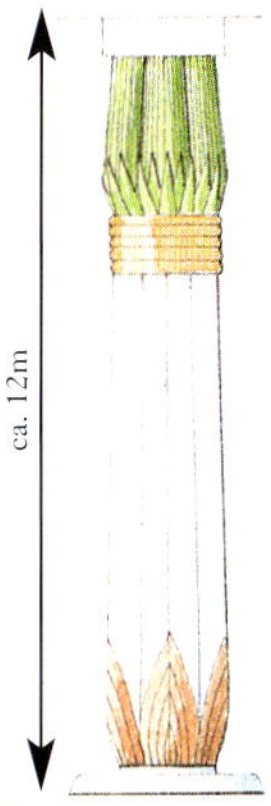

' Am heiligen See ließ Amenophis einen großen Granitskarabäus von Chepri (einem Sonnengott in Form des heiligen Käfers) aufstellen. Zur Einlagerung des aus der ständig steigenden Agrarproduktion stammenden Getreides (siehe Seite 92–93) wurde auf dem Tempelgelände ein gewaltiger, mit bemalten Sandsteinreliefs verkleideter Kornspeicher aus Lehmziegeln erbaut.

Am Rand des Tempelkomplexes entstand ein kleiner Sandsteintempel mit Namen »Cha-em-maat«. Er war zwar Amun geweiht, enthält aber deutliche Hinweise auf den Sonnenkult: einen Säulenhof im Stil von Luxor, eine Kapelle für Maat, die Tochter des Sonnengottes, und zwei riesige, reich mit Sonnensymbolen geschmückte Statuen des Königs.

Eine der vielen Votivgaben des Königs, die der Tempel von Karnak erhielt, war eine Klepsydra (Wasseruhr), die den Stundenpriestern in Verbindung mit astronomischen Beobachtungen dazu diente, den Zeitpunkt der Rituale zu bestimmen. Geschmückt war das Instrument mit Bildern, auf denen Amenophis III. dem Sonnengott Re und dem Mondgott Thot Opfer darbringt.

OBEN LINKS:
Grundriss des
Tempels von
Luxor;
OBEN MITTE
Rekonstruktion
des Tempels
gegen Ende der
Regierungszeit
Amenophis' III.;
OBEN RECHTS
Papyrusbündel-
säulen umgeben
den Sonnenhof.

Der Tempel von Luxor. Blick nach Süden vom
Säulengang (rechts) auf den Sonnenhof (links).

# DAS HAUS
# DES GOLDHORUS

## 26. JAHR (UM 1366 V. CHR.)

Die Bautätigkeit von Amenophis III. blieb nicht auf die großen Tempel von Theben beschränkt. Der König sandte seine Beamten und Handwerker im ganzen Land umher, um alte Heiligtümer zu restaurieren und schöne, einem Wohnsitz der Götter angemessene Standorte für neue, prachtvolle Tempelbauten zu erkunden. Im dritten Jahrzehnt seiner Regierung wurde mit dem Bau eines Tempels in Hebenu (Kom el-Ahmar, nahe der mittelägyptischen Stadt Minia) begonnen. Hebenu, unweit des Thot-Heiligtums von Hermopolis gelegen, wo Amenophis ebenfalls seine Spuren hinterließ, war eines der Kultzentren des Horus, als dessen Stellvertreter der König den Titel »Neb-maat-Ra, von Horus geliebt, Herr von Hebenu« trug. Der Kalksteinbau ist weitgehend zerstört, doch an den Fragmenten des in leuchtenden Farben bemalten Reliefschmucks lässt sich erkennen, welchen Glanz der von Amenophis erbaute Tempel ausstrahlte.

Überall in Ägypten, vom Nildelta bis in den Sudan, ließ Amenophis Heiligtümer errichten oder umgestalten: für Re in Heliopolis, Ptah in Memphis, den Apisstier in Sakkara, Horus in Hebenu, Thot in Hermopolis, Sobek in Sumenu, Chnum auf der Insel Elephantine und Neb-maat-Ra – das göttliche Selbst des Königs – in Soleb. Der Gott Amun-Re wurde im ganzen Land verehrt.

Viele der neuen Tempel ersetzten ältere Bauten an uralten Kultstätten. Beim Bau mehrerer Heiligtümer an neuen Standorten scheint Amenophis hingegen den Plan verfolgt zu haben, das ganze Niltal mit einem Netz bedeutender Tempel auszustatten.

Ein Teil des erhaltenen Wandschmucks von Hebenu stellt vier Gaugötter (Gottheiten der ägyptischen Provinzen) dar, die dem König die reichen Er-

zeugnisse ihrer Regionen präsentieren. Sie tragen große Tabletts mit Brot, Weizen, Wildgeflügel, Fischen, Früchten, Blumen, Eiern und Wein; hinter ihnen schreiten gemästete Opfertiere einher. Abwechselnd rot und blau bemalt, weisen die Gaugötter denselben gedrungenen Körperbau auf, der in dieser Zeit auch die Porträts des Königs charakterisiert. Diese Proportionen, ein Symbol für Reichtum und Fülle, verändern sich im Lauf der Regierungszeit.

An der Spitze der Tempelverwaltung stand der Hohepriester Taitai, der auch für den nahen Thottempel verantwortlich war. Eine polierte graue Steinstatuette des Priesters trägt die Inschrift: »Iripate und Bürgermeister, Aufseher der Beiden Throne, Vorsteher der Priester, größter der Fünf im Tempel des Thot, Einziger im Herz des Königs, ohne Fehl, Hohepriester des Horus, des Herrn von Hebenu, Taitai«. Die Skulptur hat die gleichen Proportionen wie die Gestalten auf den oben beschriebenen Reliefs.

Den verschiedenen Aspekten von Horus waren einzelne Tempel gewidmet. In Hebenu wurde Horus als junger Kriegergott verehrt, der Seth, den Gott des Chaos, besiegt. In Athribis im Nildelta, der Heimatstadt von Amenophis, Sohn des Hapu, dem engsten Vertrauten des Königs, verband Amenophis die Sonnenattribute des Gottes mit denen der Ortsgottheit Chenticheti. Das Amt des Hohepriesters im neuen Tempel von Horus-Chenticheti wurde dem Sohn von Amenophis Hapu übertragen.

In Nubien ehrte Amenophis III. Horus mit einem Tempel in Aniba. In Soleb wurden große Statuen des Gottes in Falkengestalt aus schwarzem Granit aufgestellt. Die Inschrift bezeichnet den König als »geliebt von Necheni [Horus], der in Cha-em-maat wohnt«. Cha-em-maat war nicht nur der Name des Tempels, sondern auch einer der Titel des Königs, wodurch eine doppelte Bedeutung entsteht: Horus wohnt sowohl im Tempel wie auch im König selbst. Auf diese Identifikation mit Horus verweisen auch Darstellungen, auf denen der König ein Federgewand trägt. Der Beiname »Necheni« bezieht sich auf Horus als »Herrn von Nechen« (Hierakonpolis), eines seiner Kultzentren im Süden Ägyptens. Es lag direkt gegenüber von Necheb (el-Kab), wo Amenophis der Geiergöttin Nechbet einen Tempel gewidmet hatte, und unweit des wesentlich später entstandenen Horustempels von Edfu.

Statuette von Taitai, Hohepriester des Horus, mit dem Pantherfell und dem reich verzierten Schurz seines hohen Amtes. Der kahlrasierte Kopf ist ein Zeichen für rituelle Reinheit.

# EIN TRAGISCHER TOD

## 27. JAHR (UM 1365 V. CHR.)

In dieser von Frieden und Wohlstand gekennzeichneten Phase der Regierungszeit Amenophis' III. starb plötzlich Thutmosis, der geliebte älteste Sohn des Königs. Dies war nicht nur eine persönliche Tragödie für Amenophis, sondern erschütterte auch die ägyptische Weltsicht: Wenn der Sohn vor dem Vater starb, war das Chaos an die Stelle der natürlichen Ordnung getreten. Gemeinsam mit der Königsfamilie betrauerte das ganze Volk den Tod des Prinzen.

Von Anfang an war Thutmosis darauf vorbereitet worden, seinem Vater nachzufolgen. Benannt nach seinem Großvater, sollte er der fünfte König seines Namens in einer Dynastie werden, deren Herrscher abwechselnd Thutmosis und Amenophis hießen. Während die Könige der 18. Dynastie sonst kaum gemeinsam mit ihren Söhnen dargestellt wurden, gibt es Szenen, in denen Thutmosis seinen Vater in einer offiziellen Funktion begleitet; hier wird er mit den Titeln bezeichnet, die ihm in Hinblick auf seine zukünftige Rolle verliehen worden waren.

Im Gegensatz zu seinem Bruder war der zweite Sohn des Königspaares – der den Namen seines Vaters trug, sich später jedoch Echnaton nannte - weitgehend im Hintergrund geblieben. Die gelegentlich geäußerte Vermutung, Vater und Sohn hätten eine Zeit lang gemeinsam regiert, ist bislang unbewiesen. Jedenfalls war der junge Prinz wohl nur unzureichend vorbereitet auf die Rolle, die ihm nun übertragen wurde.

Wann und weshalb Prinz Thutmosis starb, entzieht sich unserer Kenntnis. Obwohl seine Titel nahe legen, dass er den größten Teil seines Lebens in der nördlichen Hauptstadt Memphis verbrachte, wurde er als ältester Sohn des Königs wahrscheinlich in Theben bestattet. Im Grab seines Urgroßvaters Amenophis' II. hat man zwischen zwei weiblichen Mumien die namenlose Mumie eines jungen Mannes entdeckt. Der Fundort weist darauf hin, dass es sich zu-

mindest um einen Prinzen handeln muss, und da man seit kurzem aufgrund von Haaranalysen die Ansicht vertritt, dass es sich bei der älteren der weiblichen Mumien um Teje handelt, liegt es nahe, in dem Jungen an ihrer Seite ihren Sohn Thutmosis zu vermuten.

Was die Ausstattung des eigentlichen Grabes von Thutmosis betrifft, müssen wir uns mit Vermutungen begnügen. Im Tal der Königinnen hat man einen ursprünglich vergoldeten Holzsarkophag entdeckt, dessen Gesichtszüge auf die Zeit Amenophis' III. verweisen. Er wurde später noch einmal für die Bestattung eines anderen Prinzen verwendet, eines Sohnes von Ramses III., der alle seine Söhne überlebt hatte. In den Wandszenen in ihren prachtvollen Gräbern führt Ramses III. sie vor die Götter. Einen ähnlichen Ritus muss Amenophis auch für seinen Sohn Thutmosis vollzogen haben.

Die Szenen in Echnatons Grab in Amarna vermitteln uns einen Eindruck davon, wie die Herrscher der 18. Dynastie ihre Toten betrauerten. Der König und die Königin beklagen darin den Tod eines Kindes, indem sie im Gegensatz zur üblichen rituellen Reinheit Erde in die Luft werfen. Eine andere Trauerbezeugung bestand darin, das Haar nicht zu kämmen, daran zu rupfen und es wachsen zu lassen.

Auf einem Wandgemälde im Grab des Wesirs Ramose werden die Grabbeigaben (ein Fächer, Sandalen, Parfümgefäße und Uschebti-Kästen) und Möbel (ein Bett, ein Sessel und Truhen) in feierlicher Prozession zur prachtvollen Ruhestätte des Beamten in Theben getragen. Eine ähnliche, wenn auch wesentlich aufwendigere Prozession dürfte beim Begräbnis von Kronprinz Thutmosis stattgefunden haben.

# DIE KOLOSSE
# DES KÖNIGS

## 28. JAHR (UM 1364 V. CHR.)

Je länger Amenophis regierte, desto imposanter wurden die Denkmäler, die seine Bildhauer für ihren Herrn schufen. Im 28. Jahr seiner Herrschaft entstand ein gewaltiger Koloss aus Granit, die größte Statue, die je in Ägypten errichtet wurde. Volle 21 Meter hoch, erhob sie sich vor der Südfassade des zehnten Pylons von Karnak. Nach Month, dem thebanischen Kriegsgott, trug sie den Namen »Neb-maat-Ra, Month unter den Herrschern«.

König Amenophis III. in göttlicher Gestalt als »leuchtender Aton«. Die fast 2,5 m hohe Statue aus rotem Quarzit wurde vor kurzem in einem Hohlraum unter dem Boden des Tempels von Luxor entdeckt.

Amenophis, Sohn des Hapu, der Vertraute des Königs, hat eine enthusiastische Beschreibung des Standbilds hinterlassen: »Von gewaltiger Größe, übertrifft es an Schönheit den Pylon. Es wurde […] errichtet in seinem großen Haus [Karnak], um so lange Bestand zu haben wie der Himmel.« Heute sind nur noch die Füße der Skulptur erhalten, die mit ihren drei Metern Länge eine Vorstellung von der Gesamtwirkung vermitteln. In seiner Eigenschaft als »Vorsteher aller Arbeiten des Königs« ließ Amenophis Hapu den benötigten Quarzit in den Steinbrüchen von Gebel Ahmar hauen, die 700 Kilometer weiter nördlich unweit des heutigen Kairo lagen. Eine Inschrift berichtet: »Ich schuf einen Berg aus Quarzit für Seine Majestät.«

Von den über tausend erhaltenen Monumentalstatuen, die Amenophis als König oder Gott darstel-

len, sind mehr als 45 höher als drei Meter. Viele der Skulpturen befinden sich in gutem Zustand; besonders gut erhalten sind jedoch die Statuen, die man in einem Hohlraum unter dem Säulenhof des Tempels von Luxor entdeckt hat. Sie stellen den König und verschiedene Gottheiten dar.

Die eindrucksvollste Statue der Gruppe, zugleich eines der schönsten ägyptischen Standbilder überhaupt, ist die fast unversehrte Figur des Königs aus rotem Quarzit (Abbildung gegenüber). Amenophis trägt die Doppelkrone des vereinten Ägypten. Diese Statue weicht von der üblichen Königsdarstellung ab; sie erinnert an die Gestalt eines göttlichen Kultbildes und verdeutlicht, dass Amenophis um die Zeit seines ersten Sedfests zu einem lebenden Gott geworden war, durchdrungen von der Kraft der Sonne. Inschriften wie die auf dem Rückenpfeiler preisen ihn als »den vollkommenen Gott in der reinen Wahrheit […] groß an geheiligten und reichen Monumenten«.

Am westlichen Nilufer, am Rande des Fruchtlandes, entstand auf der Höhe von Luxor der Totentempel von Amenophis in Kom el-Hetan; zwischen den Säulen des großen Innenhofes wurden jeweils acht Meter hohe Statuen des Königs als Osiris aufgestellt. Die Granitstatuen an der Südseite trugen die weiße Krone von Oberägypten, die Quarzitstatuen an der Nordseite die rote Krone von Unterägypten.

Von der gewaltigen Quarzitstatue Amenophis' III., die sich einst vor dem 10. Pylon des Tempels von Karnak erhob, sind nur noch die Füße erhalten.

# DAS ANTLITZ DER MACHT

In der hier behandelten Epoche herrschte der Glaube vor, die Bilder des Königs seien von göttlicher Essenz durchdrungen. Damit wurden Statuen des Pharaos zu Kultobjekten; sie erhielten eigene Namen und wurden in allen Tempeln des Herrschers aufgestellt. Staunend müssen die Menschen vor ihrer Größe und Schönheit gestanden haben. Die des Lesens kundige Oberschicht bewunderte die fein ziselierten Inschriften.

Auf einer Stele im Totentempel von Amenophis in Kom el-Hetan heißt es, das Antlitz des Königs habe »auf die Gesichter der Menschen hinab geleuchtet wie Aton, wenn er in der Morgendämmerung erstrahlt«. Um welchen Herrscher es sich bei ägyptischen Königsporträts handelt, ist vor allem an den Gesichtszügen zu erkennen. Charakteristisch für Amenophis III. sind die großen mandelförmigen Augen, die zusammen mit der kleinen, nach oben gebogenen Nase und den lächelnden Lippen einen leicht androgynen Eindruck vermitteln. Anhand der Form der geschminkten Augen können die Skulpturen in etwa datiert werden (siehe gegenüber). Die Gesichtszüge von Königin Teje ähneln denen des Königs; ihre leicht schmollend erscheinenden Lippen sind an den Mundwinkeln allerdings oft ein wenig nach unten gezogen.

Unter den Künstlern und Handwerkern, die das Bild – und damit auch das »Image« des Königs – schufen, waren die Zwillingsbrüder Suti und Hor, beides Architekten, die in Karnak beziehungsweise Luxor den Titel »Vorsteher der Bauarbeiten im Tempel des Amun« innehatten. Andere Handwerker im Dienst des Königs waren Hui, der sich als »Bildhauer des Amun« bezeichnete, Ipuki, einer der »Bildhauer des Pharaos« und Nebamun, »Oberster Bildhauer des Pharaos«. Ipuki und Nebamun waren offensichtlich enge Kollegen, denn sie ließen sich in einem gemeinsamen Grab bestatten, dessen Wandmalereien ausführlich dokumentieren, welche Werke sie schufen.

Einige Nachfolger von Amenophis III. entwendeten Statuen aus dessen Totentempel. Ramses II. ließ sechs Granitskulpturen in den Tempel von Luxor schaffen. In manchen Fällen, wie etwa bei mindestens einem der kolossalen Sitzbilder im Ramesseum, dem Totentempel von Ramses II., wurden sogar die Gesichtszüge von Amenophis III. durch die des neuen Herrschers ersetzt. Auch bei dem umgestürzten Granitkoloss, der den englischen Dichter Percy Bysshe

LINKS  Amenophis III. mit der Krone
Oberägyptens. Roter Granitkopf aus dem
Totentempel des Königs in Kom el-Hetan.

## DIE AUGEN DES KÖNIGS

Oft können die Statuen von
Amenophis III. anhand der Dar-
stellungsweise der Augen datiert
werden, die sich im Lauf der
Jahre veränderte. Die dicken
Verlängerungen von Augen und
Augenbrauen (Abb. 1 und 2)
wurden später oft zu einfachen
Umrissen reduziert (Abb. 4).
Eine gelegentlich auf dem Ober-
lid hinzugefügte Falte (Abb. 3)
könnte auf das fortgeschrittene
Alter des Königs hindeuten.

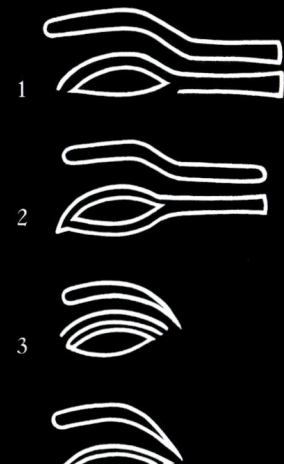

Shelley zu seinem Sonett *Ozymandias* (der alte griechische Name von Ramses II,
abgeleitet von seinem Thronnamen User-maat-Ra) inspirierte, dürfte es sich in
Wirklichkeit um Amenophis III. handeln. Merenptah, der Sohn von Ramses II.,
bediente sich ebenfalls bei Amenophis, ließ das Gesicht der Statuen jedoch
unverändert und begnügte sich damit, seine Kartusche einmeißeln zu lassen.
Größere Kalksteinskulpturen von Amenophis wurden nach Qurna in Meren-
ptahs Totentempel versetzt, dessen Steinblöcke ebenfalls aus verschiedenen
Bauten von Amenophis III. stammten.

# MALKATA – IM HAUS DER FREUDE

## 29. JAHR (UM 1363 V. CHR.)

Am Ende seines dritten Herrschaftsjahrzehnts zog Ameno-phis mit seinem Hof endgültig nach Theben, wo er den »Palast der leuchtenden Sonne« hatte erbauen lassen. Dieser Palast, später mit dem arabischen Namen Malkata benannt (»der Ort, an dem man Dinge aufsammelt« – nämlich antiken Schutt), lag am Westufer des Nils, zu Füßen der westlichen Hügelkette, über der jeden Abend die Sonne unterging. Ame-nophis' Umzug nach Theben stand in scharfem Gegensatz zum Verhalten früherer Pharaonen, die aus der traditionellen Haupt-stadt Memphis nur einmal im Jahr nach Theben zu den dort stattfindenden religiösen Festen gekommen waren. Dann hatten sie vorübergehend in Palastgebäuden Hof gehalten, die dem Tempel in Karnak angegliedert waren. Indem sich Amenophis nun einen eigenen Palast baute, und zwar nicht nur am Karnak entgegengesetzten Ende der Stadt, sondern auch auf der gegenüberliegenden Seite des Flusses, dis-tanzierte er sich deutlich von der Priesterschaft in Karnak.

Dieses kleine Fayence-Täfel-chen, das den Namen des Königs trägt, war an einer Kiste mit beschrifteten Papyri ange-bracht. Die In-schrift auf den Täfelchen lautet: »Der vollkom-mene Gott, Neb-maat-Ra, dem Leben gegeben wurde, der von Amun-Re geliebt wird, dem Herrn des Himmels und Herrscher von Theben«.

Malkata wurde 1888 von Archäologen entdeckt, und die nachfolgenden Aus-grabungen haben einen Fundort ans Licht gebracht, der sich über 30 Hektar er-streckte. Offenbar war das gigantische Bauprojekt zur Zeit von Amenophis' Tod noch nicht abgeschlossen. Die Hauptflügel des Palastes, den Amenophis gern sein »Haus der Freude« nannte, beherbergten die Gemächer des Königs im Südosten, Königin Tejes Gemächer im Süden, die Räume ihrer Tochter Sitamun im Norden sowie Quartiere für den Rest der königlichen Familie und die zahl-reichen königlichen Frauen. Hinzu kamen noch die Residenzen der hohen Beamten und die Dienstbotenquartiere. Ferner der Verwaltungssitz in den

»westlichen Villen« und die königlichen Werkstätten mit dem südlich angren-
zenden Handwerkerdorf. Im Norden des Palastes lag eine größere Siedlung, die
die Versorgung des Palastes sicherstellte. An dieser Siedlung vorbei verlief ein
befestigter Weg, der Malkata mit dem 1,5 Kilometer entfernten Totentempel
des Königs verband. Nach Südwesten führte dieser Weg weiter in die Wüste, in
das nahe gelegene Kom el-Samak, wo für die Sedfeste des Königs eine bemalte
Plattform aus Lehmziegeln errichtet wurde (siehe Seite 136–139).

Nördlich des Palastes befand sich ein Amuntempel mit einem großen Hof
und einem Prozessionsweg, der ihn mit dem T-förmigen Hafen verband. Dieser
1,6 Kilometer breite Hafen, auf Arabisch Birket Habu genannt, lag direkt vor
dem Palast und verband die königliche Residenz mit dem Nil, so dass der
Handels- und Verwaltungsverkehr den Palast direkt erreichen konnte. Außerdem bot der Hafen der großen goldenen Barke, der *Aten-Tjehen* (»leuchtende

## EINRICHTUNGSGEGEN- STÄNDE FÜR EIN KÖNIGLICHES HAUS

Die königlichen Handwerker, die südlich des Palastes in einem eigens angelegten Dorf wohnten, arbeiteten direkt nach den Anweisungen des Königs. Beaufsichtigt wurden sie vom »großen Kammerherrn im großen Haus«, der gleichfalls Amenophis

hieß. Sie produzierten prächtige Möbel und Haushaltsgegenstände, die offenbar auch für den Export bestimmt waren. Gegenstände aus den Werkstätten in Malkata wurden noch in Babylon und Mykene gefunden.

Die kosmopolitische Raffinesse der Handwerksarbeiten ist ein Beleg für den freien Verkehr von Geschenken und Ideen zwischen den Monarchen der Alten Welt. In einem Brief an Kadaschman-Ellil, den König von Babylon, listete Amenophis die großartigen Geschenke auf, die er schickte: »Ein Bett aus Ebenholz, mit Elfenbein und Gold überzogen; drei mit Gold überzogene Betten aus Ebenholz; ein großer mit Gold überzogener Stuhl aus Ebenholz; neun mit Gold überzogene Stühle aus Ebenholz. Das Goldgewicht an all

diesen Gegenständen beträgt sieben Minen, neun Schekel, das Silbergewicht eine Mine, achteinhalb Schekel.« Hinzu kamen noch »zehn Fußbänke aus Ebenholz, mit Gold überzogen«.

Auch kleinere kunsthandwerkliche Gegenstände aus Holz, Stein, Metall, Elfenbein, Glas und Fayence, die in Malkata hergestellt wurden, belegen das Können der dortigen Handwerker. Die übliche ägyptische Ware aus blauer Fayence wurde damals durch viele verschiedene Farben erweitert – von unterschiedlichen Blautönen, Türkis und Purpur bis zu Rot, Grün, Gelb und Weiß. Neuere Forschungen haben ergeben, dass die Lieblingsfarbe des Königs bei Fayencearbeiten Kobaltblau war. Fast 70 Prozent der erhaltenen farbigen Glasgegenstände aus Malkata sind kobaltblau.

Dieser vergoldete Holzstuhl von Sitamun, Amenophis' ältester Tochter, wurde im Grab ihrer Großeltern mütterlicherseits gefunden.

Diese Fragmente von Wandmalereien aus dem Malkata-Palast zeigen naturalistische Motive: ein Papyrusdickicht mit Wildgänsen, darüber ein Rosettenfries.

Sonnenscheibe«), auf der sich das Königspaar bei Festen dem Volk präsentierte, einen Ankerplatz.

Die Arbeiter bauten den Malkata-Palastkomplex weitgehend aus Lehmziegeln, die mit den Namen des Königs gestempelt wurden. Die für die Gemächer von Königin Teje verwendeten Ziegel trugen zusätzlich deren Namensstempel. Alle Wände waren verputzt, die Außenwände geweißt. Für Tür- und Fensterrahmen verwendeten die Arbeiter haltbare Materialien wie Holz, Kalkstein oder Sandstein. Sie benutzten Holz für Regale und Stein für Säulensockel, Treppenstufen, Leitungs- und Abwassersysteme sowie für die Badezimmer.

Plan von Teilen des Palastes, den
Amenophis III. in Malkata bauen ließ.

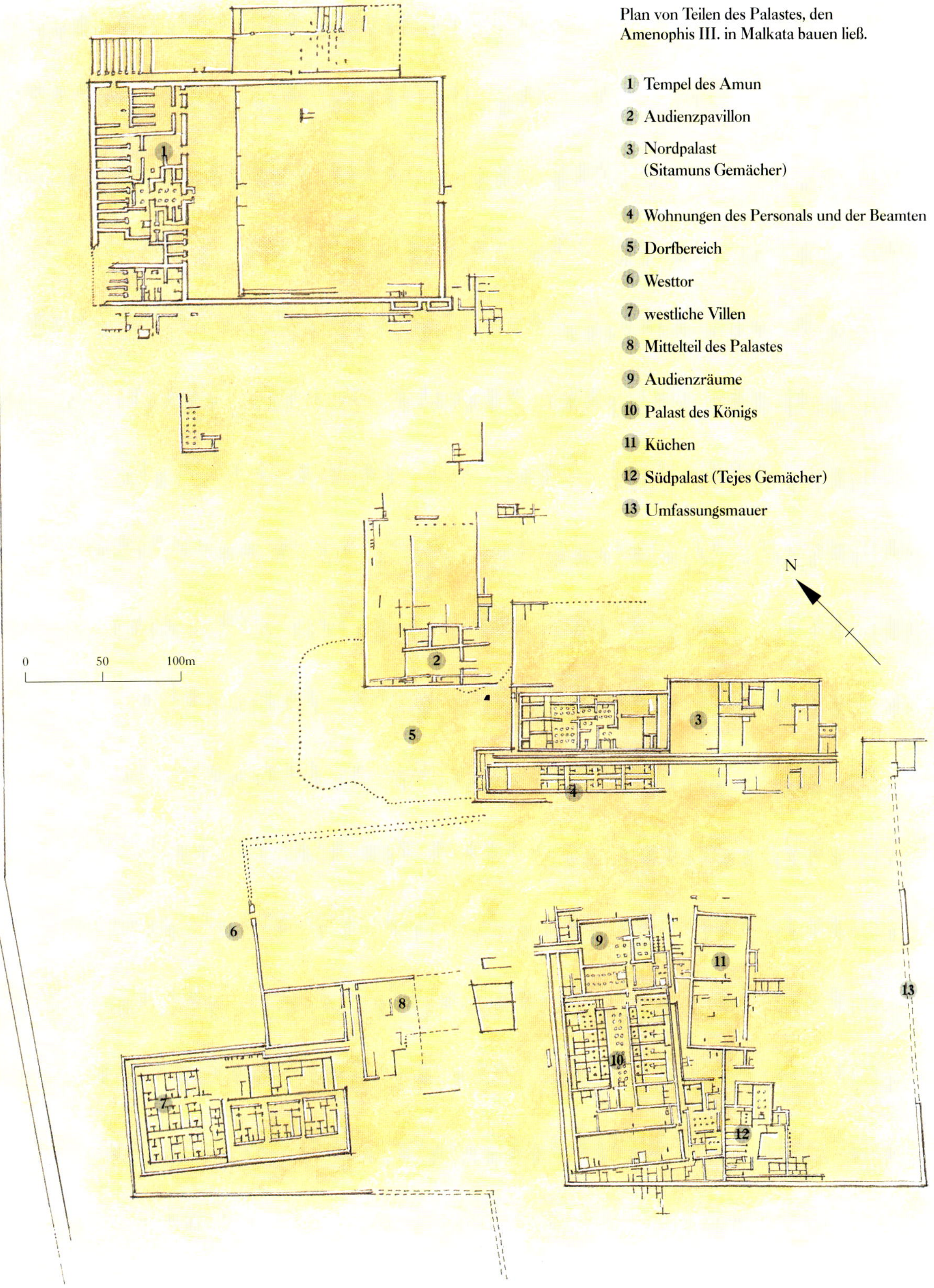

1  Tempel des Amun

2  Audienzpavillon

3  Nordpalast
   (Sitamuns Gemächer)

4  Wohnungen des Personals und der Beamten

5  Dorfbereich

6  Westtor

7  westliche Villen

8  Mittelteil des Palastes

9  Audienzräume

10  Palast des Königs

11  Küchen

12  Südpalast (Tejes Gemächer)

13  Umfassungsmauer

N

0    50    100m

### DIE DIENER DES KÖNIGS

Wesir Amenophis Hui und der Schatzmeister Ptahmose arbeiteten jeden Tag eng mit dem König zusammen. Sie residierten in der Nähe der königlichen Gemächer im Palast. Der Wesir traf sich täglich mit dem königlichen Siegelträger, der für den Inhalt der Vorratsräume und der Schatzkammer verantwortlich war. Wesir, Schatzmeister und Siegelträger wiederum konsultierten täglich die königlichen Verwalter: Amenemhet Surer, den Verwalter von Theben, Meriptah, den Verwalter des königlichen Totentempels, und Nefersecheru, den Verwalter von Malkata.

Alle Mitglieder der Königsfamilie hatten ihre eigenen Verwalter (Vorsteher des Haushalts), die sich innerhalb des Palastes um die getrennten Haushalte kümmerten. Cheruef (»Senaa«) hatte in Malkata diese Funktion für Teje inne, während der inzwischen schon recht alte Lieblingsbeamte des Königs, Amenophis, Sohn des Hapu, als Verwalter für die Königstochter Sitamun tätig war. Userhet war Vorsteher der königlichen Gemächer, des Harim.

Amenophis war ständig in Begleitung eines Wedelträgers »zur Rechten des Königs«. Außerdem dienten ihm ein Kammerdiener, ein Mundschenk (der für das Wohlbefinden Seiner Majestät verantwortlich war) und ein Kellermeister.

Männliche und weibliche Musiker und Tänzer spielten am Hof eine genauso wichtige Rolle wie im Alltag des Tempellebens – zum Beispiel die Schwieger-

*Eine Szene aus dem Grab der Bildhauer Nebamun und Ipuki zeigt Handwerker in den königlichen Werkstätten.*

mutter des Königs, Tuja, die »Sängerin des Amun und der Hathor«. Die Aufgabe, für Unterhaltung und Zerstreuung des Königs zu sorgen, war fast mit der Unterhaltung der Götter vergleichbar. Betörende Bilder aus den Gräbern in Amarna (späte 18. Dynastie) zeigen ägyptische und syrische Frauen im Harim des Palastes bei Tanz, Gesang und Harfenspiel. Beim Musizieren kamen auch Lyra und Laute zum Einsatz.

Tüchtige Kunsthandwerker bevölkerten die Palastwerkstätten – Männer wie Nebamun und Ipuki, die vom König als königliche Bildhauer beschäftigt wurden, und Men, der »oberste Steinbildhauer«.

Die Palasträume waren in lebhaften Farben ausgemalt. Aus tausenden von bemalten Putzfragmenten, die über das ganze Palastgelände verstreut gefunden wurden, können wir große Teile der ursprünglichen Dekoration rekonstruieren. Neben naturalistischen Szenen mit Tieren und Pflanzen finden sich Götterfiguren und Amulettmotive. Verstärkt wurde der Eindruck dieser Malereien durch vergoldete und glasierte Ziegel und Einlegearbeiten. Die Audienzräume hatten gefliese und bemalte Fußböden. Darauf waren wiederholt ganze Reihen von gefesselten Gefangenen dargestellt, auf denen jeder symbolisch herumtrampeln konnte. Die in Rot, Blau und Gelb gehaltenen Decken des königlichen Ankleideraums waren mit Serien von S-förmigen Spiralen und stilisierten Stierköpfen dekoriert. Dagegen schmückten den nahe gelegenen »Harim« umherspringende rote und weiße Kälber, fliegende Vögel und üppige Blumenmotive. Die Böden der Halle schmückte ebenfalls ein naturalistisches Motiv: der Nil, in dessen Wasser es von Fischen nur so wimmelte; von seinen grünen Ufern stiegen graziös fliegende Vögel auf.

Unterstützt wurde der farbenfrohe Eindruck des Palastinnern noch durch exzellent gearbeitete Möbel und Dekorationsgegenstände, die mindestens so schön waren wie die Stücke, die man in Tutanchamuns Grab fand: Betten mit Intarsien aus Ebenholz und Gold, mit Füßen in Form von Löwentatzen und mit Leinentüchern; vergoldete Stühle und Sessel, ebenfalls mit Intarsienarbeiten; hölzerne Schemel mit überkreuzten Beinen, die so bemalt waren, dass es aussah, als sitze man auf Tierfellen; große Federkissen; Wandbehänge mit Fransen; Schmuckkästchen, Perückenschachteln und Kosmetikkisten; Brettspiele, Kerzenleuchter und Blumenvasen; Tafelgeschirr aus Gold und Silber sowie Gefäße aus Alabaster, Glas, Fayence und Ton. Viele Tongefäße aus Amenophis' Werkstätten in Malkata waren von ebenso exzellenter Qualität. Sie waren bemalt oder mit erhabenen Motiven aus der Tier- und Pflanzenwelt verziert. Auch weibliche Figuren und Bilder von Hathor, der Göttin der Schönheit und der Freude, oder vom Fruchtbarkeitsgott Bes zählten zum geläufigen Motivbestand.

Kleine Fayence-Täfelchen mit den Namen des Königs und der Königin könnten ein Hinweis darauf sein, dass der König in Malkata seine eigene Bibliothek unterhielt – ein *per medjat* (»Haus der Bücher«), wie sie sich sonst in den Tempeln jener Zeit fanden. Diese »Ex libris« zeigen, dass Amenophis besonders an Gartenlektüre interessiert war: Eines der Täfelchen gehört zu einem »Buch über den Moringabaum«, ein anderes zum »Buch über den Granatapfelbaum«.

# DAS SCHLAFGEMACH DES PHARAOS

Im Herzen von Amenophis' neuem Königspalast lagen seine Privatgemächer, deren wichtigstes das Schlafzimmer des Königs war. Dieser Raum war 8,3 Meter lang und 5 Meter breit. An einem Ende war er etwas schmaler. Dort schlief in einem etwas erhöhten Alkoven Amenophis unter feinen Leinenlaken auf einem eleganten, meisterlich gearbeiteten Holzbett, das jenen ähnelte, die aus seiner Herrschaftszeit erhalten sind. Figurenpaare des Fruchtbarkeitsgottes Bes schmückten die Westwand.

Da Attentatsversuche auf schlafende Pharaonen durchaus vorkamen, traf Amenophis umfangreiche Sicherheitsvorkehrungen für die Nacht. Sein Kopf ruhte auf einer mit magischen Schutzsymbolen dekorierten Nackenstütze aus Holz – die Ägypter benutzten keine Kopfkissen, sondern mit Stoff überzogene Holzstützen. Die Wände seines Schlafgemachs waren die dicksten im ganzen Palast und mit zahlreichen Hieroglyphen bedeckt: den Zeichen für Leben *(anch)* und Schutz *(sa)*.

## BESUCHER IN DEN KÖNIG-LICHEN GEMÄCHERN

Amenophis begann seinen Tag im königlichen Schlafgemach und im angrenzenden Bad und Ankleide-zimmer. Weil Pharaonen als Göt-ter galten, war alles, was Ameno-phis tat, göttlich – auch sein mogendliches Aufstehen. Seine Privatgemächer waren Schauplatz besonderer Zeremonien (»Ritual des Morgenhauses«), die sein Aufstehen, Waschen und An-kleiden begleiteten. Bei diesen Riten assistierten königliche Be-amte und die Kammerdiener des Königs, besonders sein Kam-merherr Neferrenpet (»der an den Händen Reine«) – ein pas-sender Name für jemanden,

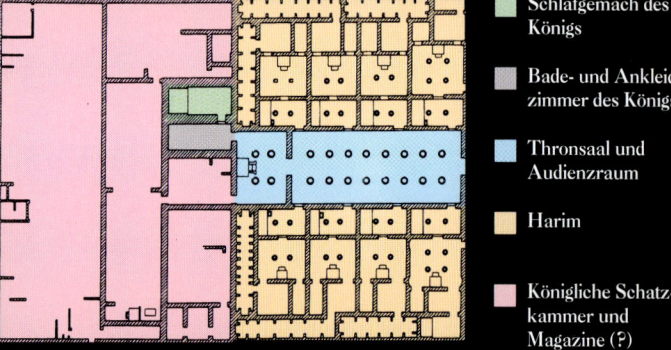

| | |
|---|---|
| ■ | Schlafgemach des Königs |
| ■ | Bade- und Ankleide-zimmer des Königs |
| ■ | Thronsaal und Audienzraum |
| ■ | Harim |
| ■ | Königliche Schatz-kammer und Magazine (?) |

der zweifellos zu den wenigen Dienern gehörte, die Körper-kontakt mit dem König haben durften.

Nach dem Morgenritual emp-fing Amenophis die ersten Be-sucher des Tages. Dies konnten Familienangehörige wie Teje sein – die ihre eigenen Gemächer im

Südpalast hatte – oder die Kinder des Königs. Dann wurde es offizi-eller: Der König konferierte mit dem »inneren Kabinett«, beste-hend aus den beiden höchsten Ministern der Verwaltung (den Vizekönigen von Ober- und Un-terägypten), dem Schatzmeister und dem Finanzminister.

# EIN FREUDIGES JUBILÄUM

## 30. JAHR (UM 1362 V. CHR:)

Im Mai seines 30. Regierungsjahres veranstaltete Amenophis das erste seiner drei großen Feste zum Regierungsjubiläum *(sed)*. Bei den Feierlichkeiten erklärte er sich zum lebenden Gott Ägyptens, zum Ebenbild und Stellvertreter des Sonnengottes auf Erden. Im Süden des Landes war er bereits als Mondgott Neb-maat-Ra, Herr von Nubien, verehrt worden. Im Rahmen des Sedfestes verlieh Amenophis seiner Tochter Sitamun den Rang einer Großen königlichen Gemahlin.

Das Sedfest der Erneuerung und Regeneration war dazu gedacht, dem König frische Kraft zu verleihen – durch eine erneute Infusion göttlicher Kraft – und so sein Recht zu bestätigen, auch nach dreißigjähriger Herrschaft noch weiter zu regieren. Nachdem er sich in diversen Ritualen erprobt und bewiesen hatte, wurde der Pharao abermals zum König von Ober- und Unterägypten proklamiert, ehe er die Huldigungen seines Volkes entgegennahm. Der früheste Beleg für ein Sedfest stammt aus der 1. Dynastie, aus der Regierungszeit von König Den im frühen 3. Jahrtausend v. Chr. König Djosers (3. Dynastie) Stufenpyramidenkomplex in Sakkara ist die älteste erhaltene Architekturkulisse für eine solche Feier, und Reliefs aus der späten 5. Dynastie zeigen Niuserre dabei, wie er die Rituale zelebriert. Von den aufwendigen Sedfesten im Mittleren Reich (um 2040-1640 v. Chr.) inspiriert, entschloss sich Amenophis, sein eigenes Thronjubiläum im großen Stil zu feiern – wie die Pharaonen der ferneren Vergangenheit.

Im Rahmen der Sed-Riten musste der König seine körperliche Stärke beweisen: Zu den rituellen Prüfungen gehörte, dass er zwischen zwei Grenzmarkierungen, welche die Grenzen Ägyptens symbolisierten, hin und her laufen musste, um seinen Anspruch auf das Land zu erneuern. Auch musste er den großen Djed-Pfeiler – ein Stabilitätssymbol, das für das Rückgrat des Osiris stand – aufrichten. Nachdem er diese und andere Aufgaben bewältigt hatte, er-

hielt der König die Herrschaftsinsignien und die Embleme von Ober- und Unterägypten, die für seine Herrschaft über ein vereintes Land standen. Bei den Ritualen trug der Herrscher knielange Gewänder, darunter einen traditionellen, eng um den Körper geschlungenen Jubiläumsumhang mit Mustern aus Diamantenbesatz.

Wenn man allein die Zahl der mit entsprechenden Inschriften versehenen Gefäße bedenkt, die auf dem Gelände von Malkata gefunden wurden, muss der Konsum von Fleisch, Obst, Honig, Bier und Wein beim Sedfest immens gewesen sein. Die besten Weine waren aus Syrien importiert worden. Die Ereignisse standen im Zeichen der Göttin Hathor, die als »Herrin der Trunkenheit« gepriesen wurde – zur Begleitung von Tanz, Gesang und frohem Treiben. Auch die königlichen Frauen, Höflinge und Beamten waren auf allen Ebenen am Geschehen beteiligt. Männer, die stolz darauf waren, am Sedfest teilgenommen zu haben, erwähnten ihre Rollen – und Belohnungen – oft in ihren Grabinschriften. Zu den großzügigen Geschenken, die während der Feierlichkeiten ausgegeben wurden, gehörten goldene Schebiu-Halsbänder und andere Gegenstände mit den eingravierten königlichen Namen.

Die leitende Person beim Sedfest war Amenophis, Sohn des Hapu, der »Festleiter« und »Erbfürst in den Ämtern des Sedfestes«, der am Ende der Feierlichkeiten zahlreiche Ehrungen erhielt. Als Belohnung dafür, dass er dem König die Unterlagen einer Reihe von Rekordernten unterbreiten konnte, die sich gerade zur rechten Zeit eingestellt hatten, wurde der Vorsteher der Kornspeicher, Chaemhet, mit dem Ehrengold bedacht; er diente auch als »Priester des Anubis am Jubiläumstag des ersten Sedfestes Seiner Majestät«. Nebmerutef fungierte als oberster Vorlesepriester, und auch der Schwager des Königs, Anen, war zweifellos als Priester in der Nähe des Königs engagiert.

Cheruef, der Palastvorsteher von Königin Teje, mit der Organisation der Sedfestlichkeiten in Malkata betraut, erhielt ebenfalls das goldene Schebiu-Halsband, während Nefersecheru als »Verwalter der Grenzmarkierungen in der breiten Halle« fungierte, der Laufstrecke, die Amenophis – wie sein Vorgänger Den mehr als 1500 Jahre zuvor – zurückzulegen hatte. Ein weiteres Amt, das Nefersecheru in Verbindung mit

Statuette des königlichen Schreibers und Siegelbewahrers Nebmerutef. Er ist bei seiner Arbeit zu sehen, überwacht vom Mondgott Thot, der auch Schutzpatron der Schreiber war.

Dieses Relief des Vorstehers der Kornspeicher, Chaemhet, stammt aus seinem Grab in Theben-West. Der Beamte ist mit einer aufwendigen Doppelperücke, einem breiten Halskragen und einer Perlenkette dargestellt, an der ein herzförmiger Anhänger befestigt ist.

dem Hohepriester Taitai und dem aus Nubien angereisten Vizekönig Merimes versah, war das des »Leiters der beiden Throne während des Jubiläums«. Selbst der Gouverneur des Nordens, Chaemwaset, war in den Süden gekommen, um an dem Fest teilzunehmen.

Eindrücke von Amenophis' Sedfesten lassen sich aus mehreren Tempel- und Grabdekorationen aus dieser Zeit gewinnen: am vollständigsten im Grab von Cheruef. Darstellungen des *sed* sind jedoch auch im Grab von Chaemhet und in den Totentempeln des Königs selbst sowie des Amenophis, Sohn des Hapu, erhalten. Die Sedfeste werden in einem Text in Cheruefs Grab folgendermaßen beschrieben: »Belohnungen wurden vergeben. Sie bestanden aus Ehrengold, Goldfiguren von Fischen und Enten, sowie Bändern aus grünem Leinen. Alle Anwesenden mussten sich der Rangfolge nach aufstellen. Sie erhielten ein königliches Frühstück aus Brot, Bier, Rindfleisch und Geflügel. Dann wurden sie zum See Seiner Majestät geführt, wo sie die Barke des Königs ruderten, indem sie das Zugseil der Abendbarke und das Zugseil der Morgenbarke ergriffen. Alle zogen die Barken zu dem großen Palast und hielten an den Stufen des Thrones an.«

Dann konnte Amenophis, Sohn des Hapu, erklären: »Amenophis, Herrscher von Theben, er ist Re, dem eine Ewigkeit von Sedfesten geschenkt ist.« Nachdem er rituell sein Herrschaftsrecht bewiesen hatte, noch bevor er in seiner goldenen Barke über das Wasser getragen wurde, war Amenophis als sterblicher König »gestorben«. Daraufhin war ihm von der Göttin Hathor neues Leben eingehaucht worden – er war nun als Gott wiedergeboren, mit ewiger Jugend beschenkt; er war die leuchtende Sonnenscheibe Aton, die über allen Ländern scheint.

Die Szenen in Cheruefs Grab betonen die zentrale Rolle, die den königli-

chen Frauen beim Sedfest zukam. In exzellent geschnittenen Reliefs sitzt der König in Sed-Gewändern auf dem Thron, von Hathor umarmt, während Teje mit allen Herrschaftsinsignien hinter ihm steht – »im Gefolge des Königs, wie Maat im Gefolge des Re«. Als Sonnengott ist Amenophis mit der vereinten Macht dreier Generationen von königlichen Gemahlinnen umgeben: seiner Mutter Mutemwia, seiner Gattin Teje und seiner ältesten Tochter Sitamun, der neuen Großen königlichen Gemahlin. Diese Gruppe symbolisiert Hathors Rollen als Mutter, Ehefrau und Tochter des Re.

Auf den Reliefs sind auch männliche Musiker und Tänzer bei einem Auftritt vor der versammelten königlichen Familie zu sehen; die Schlangenbewegungen akrobatischer Tänzer führen zum Höhepunkt des Rituals. In einer Begleithymne wird die Göttin gebeten, den König sicher zum Horizont zu bringen, damit er dort erneut wiedergeboren werden kann: »Oh, singt zu Hathor, der Goldenen, Vergnügen der Herrin der Zwei Länder, möge sie Neb-maat-Ra ewig dauern lassen. [...] O Hathor, dir sind gegeben der Himmel, die Nacht und die Sterne. [...] Beschütze Neb-maat-Ra, gib ihm Leben. Mach ihn gesund im Osten des Himmels, damit er am Horizont glücklich ist, auf dass es ihm gut gehe und er gesund sei. Wenn du wünschst, dass er lebt, dann sorge dafür, dass er Millionen Jahre ohne Ende lebt!«

## DIE GEHEIMNISSE DER VERGANGENHEIT

Laut einer Inschrift im Grab des Cheruef hatten »seit der Zeit der Vorfahren Generationen von Männern keine Sedfestriten mehr gefeiert, aber es wurde für Amenophis, den Sohn des Amun, befohlen. Mit der Wiedereinführung des Sedfestes belebte Amenophis III. alte Zeremonien, die man in Ägypten seit dem Pyramidenzeitalter in dieser Größenordnung nicht mehr gesehen hatte.

Der Pharao erforschte die traditionellen Festordnungen sehr sorgfältig. Während sein führender Beamter Amenophis, Sohn des Hapu, die Tempelarchive durchsuchte, wurden andere königliche Schreiber damit beauftragt, antike Stätten zu besuchen und über die dort gesehenen Reliefs und Inschriften zu berichten. Die Pyramidenstätten des Alten Reiches sollten sich dabei als Inspirationsquelle erweisen. In Sakkara waren die Höfe für das Sedfest Djosers sehr aussagekräftig. Einer der königlichen Schreiber berichtete über seine Erkundungsreise nach Meidum: »Herrschaftsjahr 30 [...] Der Schreiber Mai kam, um diese sehr große Pyramide des Horus Snofru zu besichtigen.«

Amenophis ordnete an, dass viele der antiken Stätten im alten Glanz wieder erstehen sollten. In einer Inschrift in Karnak brüstet sich der Pharao damit, er habe an Orten, an denen vorhandene Monumente vergrößert oder verbessert worden waren, »Gebäude neu gemacht, ohne zu beschädigen, was vorher gemacht worden war«. Amenophis scheint von den Leistungen seiner Vorgängerin Hatschepsut besonders beeindruckt gewesen zu sein. Er bewunderte den Prozessionsweg, den sie geplant hatte, um Luxor und Karnak miteinander zu verbinden, wo Reliefszenen an ihr eigenes Sedfest erinnerten. Auch ließ er sich von den Szenen ihrer göttlichen Geburt und ihres Opetfestes inspirieren.

# Fünftes Kapitel

# DER WEG ZUR EWIGKEIT

UM 1361–1354 V. CHR.

Trauernde Frauen. Detail eines Wandgemäldes im Grab von Ramose, der zu den prominentesten Beamten von Amenophis III. gehörte.

# EIN MONUMENT FÜR
# DIE EWIGKEIT

## 31. JAHR (UM 1361 V. CHR.)

Die Arbeiten am Totentempel Amenophis' III. in Kom el-Hetan waren inzwischen weit vorangekommen. Dieser Tempel sollte den Namen des Königs für die Ewigkeit bewahren und seine Seele für immer am Leben erhalten. Es war der größte jemals in Ägypten gebaute Tempelkomplex: Ägyptologen haben kürzlich die erstaunliche Berechnung angestellt, dass Amenophis' Totentempel einst sogar größer war als der Tempel von Karnak.

Amenophis plante seinen riesigen Tempel als Ort der Erneuerung: Die Reliefszenen an den Wänden glichen denen, die man noch heute in den Tempeln von Luxor und Soleb bewundern kann. Dargestellt waren der König, seine Familie und sein Hofstaat, wie sie in Gegenwart der Götter Ägyptens das Thronjubiläum feiern (alle Götter waren im Tempel als Statuen präsent). Leider ist heute infolge wiederholter Plünderungen und einiger Erdbebenschäden kaum noch etwas von diesem großartigen Bauwerk zu sehen.

Kolossalfiguren, die den König vorwärts schreitend oder im Sitzen zeigten, schmückten den Tempel. Die berühmten Memnonskolosse stehen immer noch am alten Ort. Sie waren ursprünglich »Herrscher der Herrscher« genannt worden, doch griechische Besucher hatten sie nach dem legendären König von Äthiopien umbenannt, der von Achill in Troja getötet wurde. Die Kolosse markieren den östlichen Eingangspylon des Tempels.

Am südlichen Torweg des Tempels stand die mit einer Höhe von mehr als sieben Metern größte je aus Stein gehauene Doppelsitzstatue (Dyade). Amenophis sitzt neben Teje, und zu ihren Füßen sitzen ihre drei Töchter: Henuttau-nebu in der Mitte, Nebet-ah rechts und links eine unbenannte Schwester, wahrscheinlich Isis. Eine Reihe von acht Meter hohen Figuren des Königs als

Dieser Kopf einer Kolossalstatue aus Quarzit – Amenophis III. mit der roten Krone Unterägyptens – wurde auf der Nordseite des großen Sonnenhofes im Totentempel in Kom el-Hetan gefunden.

Osiris stand im Tempel zwischen den große Säulen des zentralen Son-
nenhofes.

In der Nähe von Kom el-Hetan baute Amenophis außerdem einen
besonderen Landungssteg, um die Amunstatue dort willkommen zu
heißen, wenn sie – beim alljährlichen »Schönen Fest des Tales« – von
Karnak aus an das Westufer des Nils gebracht wurde. Dort trug man die
Statue dann in die Totentempel der verstorbenen Könige, damit sie diesen neues Leben einhauche.

Das Tempelareal von Kom el-Hetan stand bei den alljährlichen
Überflutungen des Nils zumindest teilweise unter Wasser. Wenn sich
die Fluten dann zurückzogen, erhoben sich Tempel und Statuen in
einem symbolischen Akt der Wiedergeburt aus dem Wasser – wie aus den
Fluten der Schöpfung. Der Tempel war mit Opfergaben reich bedacht. In einer
Inschrift hieß es: »Seine Vorratsräume enthalten Reichtum ohne Maß.« Die
Opfer wurden von den Priestern des Tempels dargebracht, die den Kult des
Königs bis mindestens in die Zeit der Ramessiden aufrechterhielten.

Nur wenig ist in
Kom el-Hetan
erhalten ge-
blieben, darunter
diese Stele, die
mit einer ande-
ren den Eingang
zum Sonnenhof
flankierte.

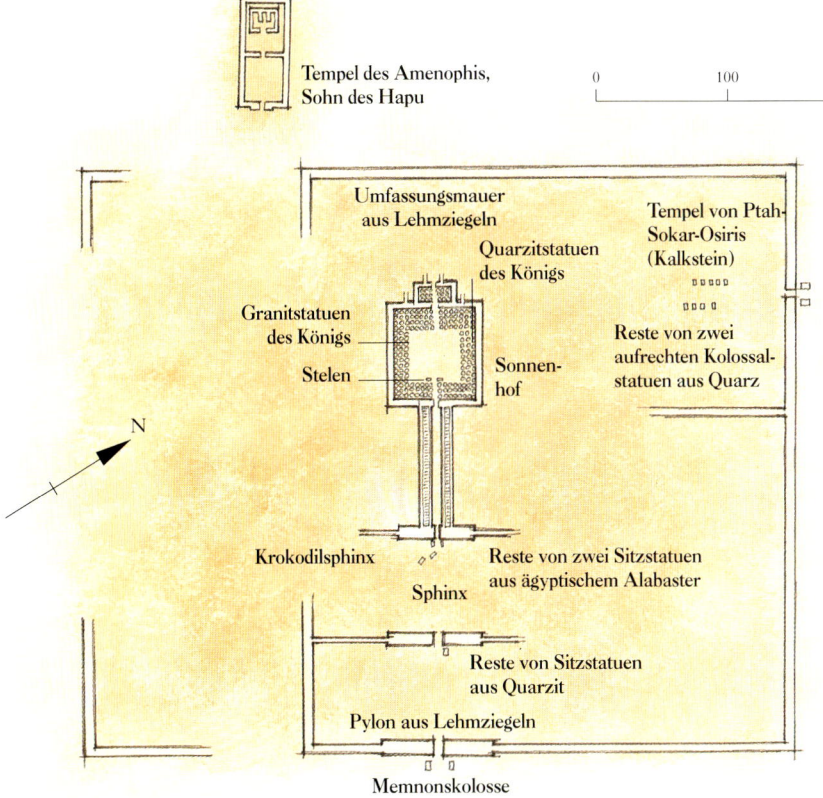

Tempel des Amenophis,
Sohn des Hapu

0        100        200m

Umfassungsmauer
aus Lehmziegeln

Quarzitstatuen
des Königs

Tempel von Ptah-
Sokar-Osiris
(Kalkstein)

Granitstatuen
des Königs

Stelen

Sonnen-
hof

Reste von zwei
aufrechten Kolossal-
statuen aus Quarz

N

Krokodilsphinx

Sphinx

Reste von zwei Sitzstatuen
aus ägyptischem Alabaster

Reste von Sitzstatuen
aus Quarzit

Pylon aus Lehmziegeln

Memnonskolosse

Ein Plan des
Totentempels
von Ameno-
phis III. in Kom
el-Hetan, mit den
Ausmaßen der
ursprünglichen
Begrenzungs-
mauern und der
drei Pylone, die
zum großen Son-
nenhof führten.

# TAGE DER TRAUER

## 32. JAHR (UM 1360 V. CHR.)

Im letzten Jahrzehnt von Amenophis' Regierungszeit bestattete der König seine Mutter Mutemwia. Er trauerte damit um jene Frau, die ihn selbst nach dem Tod Thutmosis' IV. als Regentin durch das Labyrinth der protokollarischen Erfordernisse geführt hatte. Auch Anen, der Bruder von Königin Teje, war kurz nach dem Sedfest von 1362 v. Chr. gestorben. So müssen sich damals Amenophis' Gedanken auch auf die eigene Sterblichkeit gerichtet haben. Etiketten auf Weinkrügen in einem Vorratsraum seines Grabes im Westtal beweisen, dass dort schon vor seinem Tod verderbliche Vorräte eingelagert wurden, damit Amenophis für seine lange Reise in die Ewigkeit gerüstet war.

Die Mumie von Amenophis' Schwiegervater Juja ist die besterhaltene ägyptische Mumie überhaupt. Es sind sogar Augenlider, Augenbrauen, Bartstoppeln am Kinn und die blonden Haare erhalten.

Die »Große königliche Gemahlin, die Gottesmutter« Mutemwia, war mindestens fünfzig Jahre alt, als sie starb. So hatte dem König genug Zeit zur Verfügung gestanden, um ein schönes Grab für sie vorzubereiten. Höchstwahrscheinlich lag es in den Hügeln westlich von Qurna – möglicherweise im Tal der Königinnen, direkt im Nordwesten von Malkata. Das Kopfende des Tals der Königinnen beschließt eine große Erdspalte, die schon in vordynastischer Zeit als der Kuhgöttin heilig galt. Man identifizierte sie mit dem Mutterleib der Hathor in ihrer Eigenschaft als Herrin des Westens, die in den thebanischen Hügeln residierte – dem Mutterleib, aus dem die Toten an jedem Morgen wieder geboren wurden. Es war ein außerordentlich passender Ort, um dort die Mutter des Königs zu bestatten und die Gräber von Amenophis' Schwestern Tiaa und Imen-em-ipet zu errichten, die ebenfalls während seiner Regierungszeit verstorben waren.

Die Lage der ursprünglichen Gräber von Tiaa und Imen-em-ipet ist nicht bekannt, aber man stieß in einem Felsengrab am Fuße der Berge von Qurna auf eine wieder bestattete Gruppe von Königinnen, Prinzessinnen und adligen

Frauen. Diese waren dort irgendwann während der 21. Dynastie zum zweiten Mal beigesetzt worden. Auf den Kanopenkrügen ist der Malkata-Palast erwähnt, und die beschädigten Mumien trugen Etiketten aus Holz. Auf dem für Amenophis' Schwester Tiaa heißt es: »Die Tochter des Königs Mencheperure [Thutmosis IV.] aus dem Haus der königlichen Kinder«. Die Dekoration in den ursprünglichen Gräbern der Frauen muss überwältigend gewesen sein, nach den üppigen Farben und dem verfeinerten eleganten Stil zu urteilen, die sich in Gräbern dieser Zeit für königliche Verwandte fanden. Die Ausstattung der Originalgräber war sicherlich mindestens ebenso großartig wie die erhaltenen Grabbeigaben von Amenophis' Schwiegereltern Juja und Tuja.

Die Eltern von Königin Teje müssen schon in der Frühphase von Amenophis' Regierungszeit gestorben sein. Ihr kleines Grab im Tal der Könige wurde weitgehend unversehrt aufgefunden; in der Eingangspassage lagen noch Blumensträuße (siehe Seite 72). Im Grab fanden sich meisterhaft gearbeitete Gebrauchsgegenstände: mit Gold und Silber überzogene Holzbetten mit Bes-Figuren; drei vergoldete Stühle, die mit Figuren von Jujas und Tujas Enkelin Sitamun geschmückt waren; ein Kasten aus türkiser Fayence und Gold, mit den Namen der Tochter Teje und des königlichen Schwiegersohns; ein Streitwagen und eine große Kiste aus Schilfrohr für die Perücken des Paares. Hinzu kamen Halsketten aus Gold und Lapislazuli, Leder- und Papyrussandalen sowie Alabaster- und Tongefäße sowie diverse Nahrungsmittel. Erwähnenswert sind ferner die wunderschönen Totenmasken des Paares, die Amulette und Skarabäen, Papyri, Kisten für Kanopenkrüge sowie zwei riesige schwarz-goldene Außensarkophage mit vergoldeten Innensarkophagen. Uschebti-Figuren hatten jeweils ihre eigenen Kisten in Form von Schreinen. Jujas trug die Inschrift: »Einer, der bei Osiris in Ehren und in der Gunst des vollkommenen Gottes [des Königs] steht, Juja, gerechtfertigt beim Großen Gott«.

Der Griff dieses Holzlöffels hat die Form eines Gänsekopfes, sein Schöpfteil die Form einer Lotosblume. Er trägt den Namen Mutemwias.

# GOLD IM TAUSCH
# GEGEN SCHÖNHEIT

## 33. JAHR (UM 1359 V. CHR.)

Amenophis verdrängte seine Trauer nach den Todesfällen in der Familie, um sich auf seine Pflichten als König zu konzentrieren. Er regierte Ägypten mit Härte, aber auch unter Beachtung der Rituale. Seine klugen Verhandlungen mit anderen Monarchen sind auf kleinen Tontäfelchen zu ersehen, die im »Archiv der Briefe des Pharaos« in Amarna entdeckt wurden. Die in Keilschrift, der damaligen Diplomatensprache, verfassten Tafeln erwecken die damaligen Akteure auf der internationalen Bühne anschaulich zum Leben. Man erhält Einblick in ihre Charaktere: Kadaschman-Ellil I. von Babylon erscheint als Opportunist, der Mitanni-König Tuschratta als warmherziger Herrscher, und Amenophis selbst legt einen unerwarteten Humor an den Tag.

Hathor, die Göttin der Schönheit und Liebe, wurde oft auf Gegenständen der Damen am Hofe symbolisch dargestellt. Zu den Tieren, die der Hathor heilig waren, gehörte auch der Steinbock, der diesen Kamm schmückt.

In ihrer diplomatischen Korrespondenz mit dem ägyptischen König hatten die großen ausländischen Potentaten aus Babylon, Mitanni und Arzawa (Südwestanatolien) ein Hauptziel: den Erwerb von Gold, denn Ägypten stand im Ruf großen Reichtums. In einem Brief heißt es: »Gold ist wie der Sand in Ägypten, du sammelst es einfach auf.« Im Austausch für dieses fabelhafte ägyptische Gold gaben ausländische Könige oft ihre Töchter und Schwestern – wobei dieser Tausch fast wie eine geschäftliche Transaktion wirkt. Doch die Frauen wurden nicht unbedingt gegen ihren Willen weggegeben. In einem in Babylon geschriebenen Brief einer Prinzessin heißt es: »Sag meinem Herrn: So spricht die Prinzessin. Möge es dir, deinen Wagen und deinen Männern gut gehen. Mögen dich alle Götter geleiten. In Gegenwart meines Herrn werfe ich mich vor dir nieder. Mein Bote bringt dir ein Geschenk aus buntem Tuch. Möge es deinen Städten und deinem Haushalt wohl ergehen.

Mach dir keine Sorgen, sonst hast du mich traurig gemacht. Ich würde mein Leben für dich geben.«

Amenophis verfolgte mit auswärtigen Heiraten einen doppelten Zweck: Zum einen schätzte er die Schönheit der Frauen an seinem Hof, viele Töchter seiner ägyptischen Beamten und Höflinge dienten als »königliche Schmuckstücke«. Zwei verblüffend schöne Damen erscheinen in den Grabszenen des königlichen Schreibers Menna. Sie tragen feine Leinengewänder und Schmuck aus Gold und Edelstein, weite kragenartige Halsbänder, große Goldscheiben als Ohrringe, Armbänder und Armreifen, und eine üppige Haarpracht wallt über geschwärzten Augen nach unten. Passend dazu tragen sie das Sistrum, die heilige Handrassel der Göttin Hathor. In einem Liebesgedicht aus jener Zeit heißt es von der allerschönsten Frau, sie sehe aus wie »der Morgenstern, strahlend hell und hellhäutig, lieblich ist der Blick ihrer Augen und süß die Sprache ihrer Lippen; aufrechter Nacken, leuchtende Brüste, Haar aus wahrem Lapislazuli [...] Sie geht mit grazilen Schritten und nimmt die Herzen aller gefangen, wenn sie vorübergeht.«

Zum anderen brachte die Ankunft ausländischer Prinzessinnen am Hof auch handfeste politische Vorteile mit sich. Amenophis verfolgte die etablierte dynastische Politik, mittels diplomatischer Heiraten internationale Kontakte zu sichern. Sein Urgroßvater Thutmosis III. hatte sich drei syrische Frauen genommen, Menhet, Menui und Merti, die er mit einer aufwendigen gemeinsamen Bestattung in Theben ehrte. Amenophis' Vater Thutmosis IV. hatte später seine Freundschaft mit den Mitanni durch seine Heirat mit einer Tochter des Mitanni-Königs Artatama I. besiegelt. Um 1382 v. Chr. heiratete dann Amenophis III. Giluchepa, die Tochter von Artatamas Nachfolger Sutarna II. Und zwanzig Jahre darauf, als Tuschratta König der Mitanni war, wurde eine weitere diplomatische Ehe geschlossen: zwischen Amenophis und Tuschrattas Tochter Taduchepa, der Nichte Giluchepas.

Neben seinen beiden Ehen mit Mitanni-Frauen schloss Amenophis weitere Allianzen durch Ehen mit Angehörigen der Königshäuser in Arzawa und Babylon. Gegen Ende seiner Herrschaft hatte er drei Große königliche Gemahlinnen: Königin Teje, Sitamun und Isis, die in diesen Stand erhobe-

Der auf diesem Kosmetiktopf aus weißer Fayence dargestellte zwergengestaltige Gott Bes sollte Paaren Glück bringen und Frauen bei der Geburt beschützen. Sein Bild findet sich oft auf Kosmetikgegenständen.

Detail einer Wandmalerei aus dem verlorenen Grab des Schreibers und Kornzählers Nebamun in Theben: Mitglieder des Hofstaats von Amenophis amüsieren sich in der Gesellschaft schöner Frauen. Einen Vasallen in Kleinasien bat Amenophis, er möge »sehr hellhäutige Frauen schicken – aber keine mit schrillen Stimmen! Dann wird der König, dein Herr, sagen: ›Das ist gut!‹«

nen Töchter aus seiner Ehe mit Teje. Hinzu kamen fünf Nebenfrauen: außer Giluchepa und Taduchepa zwei namentlich nicht bekannte babylonische Prinzessinnen, Töchter von König Kurigalzu und seinem Nachfolger Kadaschman-Ellil I., sowie eine gleichfalls unbenannte Tochter des Königs von Arzawa, Tarchundaradu.

Verhandlungen über solche Hochzeiten konnten sich lange hinziehen und vom Austausch aufwendiger »Grußgeschenke« begleitet sein. Als Kadaschman-Ellil I. von Babylon per Brief um eine Braut aus Ägypten anhielt, erhielt er von Amenophis einen Korb. Ihm wurde bedeutet: »Seit Urzeiten ist noch nie die Tochter eines Königs von Ägypten irgendjemand zur Frau gegeben worden.« Doch der Babylonier gab nicht auf und schlug sogar einen Trick vor: »Von irgendjemand müssen doch erwachsene Töchter, schöne Frauen, zu bekommen sein. Also schick mir doch eine schöne Frau, als wäre sie deine Tochter. Wer wird dann sagen: ›Sie ist nicht die Tochter des Königs‹?« Doch Amenophis wiederholte seine Absagen, und damit war die Sache erledigt.

Als Amenophis später selbst schrieb und seinerseits die Bitte vortrug, Kadaschman-Ellils Tochter heiraten zu dürfen, stellte sich der Babylonier zunächst taub. Doch schließlich gab er der Bitte nach und schrieb: »Meine Töchter stehen zur Verfügung, und ich werde dir keine verwehren.« Doch er fügte schon im nächsten Satz hinzu: »Und was nun das Gold betrifft, von dem ich dir geschrieben habe, schicke mir, was du entbehren kannst – so viel wie möglich.« Indes flossen die Reichtümer nicht nur in eine Richtung: Mit seiner Tochter Taduchepa schickte König Tuschratta von Mitanni auch eine Halskette aus Gold und Lapislazuli mit dem Wunsch: »Möge sie 100 000 Jahre am Hals meines Bruders ruhen.« Es folgte eine riesige Anzahl von Hochzeitsgeschenken »aller Art«.

## DER KÖNIG VON BABYLON AN AMENOPHIS III.

»Sag Nibmuareja [Neb-maat-Ra], dem König von Ägypten, meinem Bruder: So spricht Kadaschman-Ellil, der König von Karadunijasch [Babylon]. Mir und meinem Land geht es gut. Möge es auch dir, deinen Frauen, deinen Söhnen, deinen Adligen, deinen Pferden, deinen Wagen und deinem gesamten Land gut gehen.

Du bittest um meine Tochter zur Frau, doch meine Schwester, die mein Vater dir zur Frau gegeben hat, ist schon bei dir. Niemand hat sie gesehen, so dass auch niemand sagen kann, ob sie noch lebt oder schon gestorben ist. Du hast meine Boten angesprochen, als deine Frauen um dich herum standen, und gesagt: ›Hier ist eure Herrin, die vor euch steht.‹ Doch meine Boten haben sie nicht erkannt und wussten nicht, ob es meine Schwester war, die da an deiner Seite stand. Meine Boten kannten sie nicht. Wer kann sie denn identifizieren? […] Meine Töchter, die mit Königen in der Nachbarschaft verheiratet sind, sprechen mit meinen Boten, wenn meine Boten dorthin kommen, und sie schicken mir als Gruß ein Geschenk. Doch das Mädchen an deiner Seite ist wohl arm.«

## AMENOPHIS III. AN DEN KÖNIG VON BABYLON

»Sag Kadaschman-Ellil, dem König von Karadunijasch, meinem Bruder: So spricht Neb-maat-Ra, der große König, der König von Ägypten, dein Bruder. Möge es deinem Haushalt, deinen Frauen, deinen Söhnen, deinen Adligen, deinen Pferden, deinen Wagen, deinen Ländern allen gut gehen. Bei mir geht es gut. Meinem Haushalt, meinen Frauen, meinen Söhnen, meinen Adligen, meinen Pferden, meinen Truppen geht es gut, auch in meinen Ländern läuft alles gut …

Nun, wenn deine Schwester gestorben wäre, warum sollte ich das verschweigen und an ihrer Stelle eine andere Frau präsentieren? So wahr Amun mein Zeuge ist, deine Schwester lebt. Ich habe sie zu einer Herrin des Haushalts gemacht. Du schreibst: ›Meine Töchter, die mit Königen in der Nachbarschaft verheiratet sind, sprechen mit meinen Boten, wenn meine Boten dorthin kommen, und sie schicken mir als Gruß ein Geschenk. Doch das Mädchen an deiner Seite ist wohl arm.‹ Dies sind deine Worte. […] Sollte deine Schwester ein Geschenk für dich auswählen, dann schicke ich es dir gerne! Aber das nenne ich eine saubere Sache, deine Töchter nur wegzugeben, damit du von deinen Nachbarn Goldklumpen bekommst!«

# SO SPRICHT NIBMUAREJA

Diesen »Amarna-Brief«, eine kleine Keilschrift-Tontafel, schickte Amenophis III. dem babylonischen Herrscher Kadaschman-Ellil. Im Text zieht der ägyptische König Legitimation und Aufrichtigkeit der an seinen Hof gesandten babylonischen Boten in Zweifel.

Zur Zeit Amenophis' III. überbrachten Boten über riesige Entfernungen Nachrichten von einem Monarchen zum anderen. Männer wie der königliche Gesandte Senu, wie Mai (»der Bote des Königs in allen fremden Ländern«) und Gesandte namens Mane, Haaramaschi und Hane (»der Dolmetscher«) wurden durch das ganze Reich geschickt, um die Worte des ägyptischen Königs seinen monarchischen Kollegen, Vasallen und den im Ausland tätigen Beamten zu übermitteln. Diejenigen, die für die Übermittlung der königlichen Botschaften zuständig waren, wurden nach den Kriterien Takt, Ehrlichkeit und Vertrauenswürdigkeit ausgewählt.

Die Sicherstellung freien Geleits war von größter Bedeutung. Im ersten Brief, den der assyrische König Assuruballit nach Ägypten sandte, erklärte er: »Ich schicke meinen Boten, um dich und dein Land zu besuchen. Halte diesen Boten, den ich dir zu Besuch schicke, nicht auf. Er sollte gleich nach seinem Besuch hierher zurückkehren. Er sollte sich ein Bild von dir und deinem Land machen und dann hierher aufbrechen.« Bei seinem Versuch, seine Bitte um ägyptisches Gold zu rechtfertigen, bemerkte der assyrische König: »Unsere Länder liegen weit auseinander. Sollen deine Boten denn immer mit armseligen Ergebnissen unterwegs sein?« Die Männer trugen die kostbaren Tontäfelchen mit den Mitteilungen ihrer Herren um den Hals. Laut Amenophis II. wurde einmal »ein Bote des Königs von Mitanni« während eines Feldzuges, den Amenophis II. zu Beginn seiner Regierungszeit in Kanaan führte, »mit einem Brief aus Ton am Hals« abgefangen. Um ihnen die Reise zu erleichtern, wurden diese Emissäre mit »Pässen« versehen: Botschaften, die ihre sichere Durchreise gewährleisten sollten. Der Pass eines Boten aus Mitanni gestattete ihm, durch Kanaan nach Ägypten zu reisen: »An die Könige von Kanaan, die Diener meines

Bruders Nibmuareja [Amenophis III.]. So spricht Tuschratta. Ich sende hiermit meinen Boten Akija sofort zu meinem Bruder, dem König von Ägypten. Niemand soll ihn aufhalten. Gewährt ihm sicheres Geleit nach Ägypten, und übergebt ihn dem Festungskommandanten an der ägyptischen Grenze. Lasst ihn weiterziehen, er soll niemandem etwas schuldig sein.« Solche internationalen Botschaften waren in akkadischer Keilschrift verfasst, der Diplomatensprache in einer Zeit, als man den Namen des ägyptischen Königs mit Nibmuareja, Nimmureja, Nimmuwareja und ähnlichen akkadischen Varianten wiedergab – gemeint war immer Amenophis' Thronname Neb-maat-Ra.

Der Thronsockel Amenophis' III. war mit Darstellungen von Nubiern und Asiaten geschmückt. (Detail einer restaurierten Szene aus einem Grab in Theben).

Die Boten mussten oft unwirtliches Gelände durchqueren und sich großen Gefahren aussetzen. Im Brief des Assyrers Assuruballit an Amenophis heißt es: »In Bezug auf die verspätete Rückkehr deiner Boten ist zu sagen, dass sie von den Suteanern verfolgt wurden und in tödlicher Gefahr waren. Deshalb hielt ich sie zurück, bis ich dir schreiben konnte, nachdem ich die Suteaner habe gefangen setzen lassen. Darum sollten nun aber auf keinen Fall meine Boten aufgehalten werden und verspätet zu mir zurückkehren. Warum sollten Boten ständig der Sonne ausgesetzt sein, bis sie in der Sonne sterben? Wenn es für den König einen Gewinn bringt, dass der Bote ständig in der Sonne bleibt, dann soll er den Boten draußen lassen und ihn in der Sonne sterben lassen. Aber für den König muss es dabei wenigstens einen Nutzen geben. Wenn nicht, warum sollen sie dann in der Sonne sterben?« Demgegenüber behandelte der Mitanni-König Tuschratta, beeindruckt vom ägyptischen Boten Mane und dem Dolmetscher

Eindeutig waren Amenophis die Mitanni-Botschafter – der »Oberminister« Kelija sowie Akija, Tunip-ibri und ihre Dolmetscher – wesentlich lieber als die der Babylonier, die er für nicht vertrauenswürdig und unaufrichtig hielt. Gegenüber Kadaschman-Ellil I. von Babylon beschwerte er sich: »Nun sind wir beide, du und ich, zwar Brüder, aber wir haben Streit wegen unserer Boten, weil sie dir berichten: ›Nichts wird uns gegeben, wenn wir nach Ägypten gehen.‹ [...] Das erste Mal, als die Boten zu deinem Vater zurückkamen, haben ihre Münder Lügen erzählt. Das nächste Mal, als sie zu dir zurückkamen, haben sie dir Lügen erzählt. Also habe ich mir gesagt: ›Ob ich ihnen etwas gebe oder nicht, sie werden dir ohnehin weiter Lügen erzählen.‹ Also habe ich mir meine Meinung über sie gebildet und habe ihnen überhaupt nichts mehr gegeben. [...] Deine Boten, die Lügenmäuler, die du hierher geschickt hast, ich schwöre, dass sie dir keinen Dienst erwiesen haben, und so erzählen sie weiter Lügen, um ihrer Bestrafung durch dich zu entgehen.« Und am Ende seines Briefes fügte Amenophis noch eine weitere Beschwerde an: »Und wenn du mir nun schreibst, um selbst davon zu profitieren [...] Du hast mir doch deinerseits erst ein einziges Mal ein Geschenk geschickt. Sollen wir darüber lachen?«

Bei solch starken negativen Gefühlen bezüglich der babylonischen Boten überrascht es überhaupt nicht, dass Amenophis dazu neigte, diese warten zu lassen – in einem Fall angeblich sogar sechs Jahre lang. Kadaschman-Ellil jedenfalls fühlte sich zu folgender Beschwerde genötigt: »Früher hat mein Vater dir einen Boten geschickt, und du hast ihn nicht sehr lange aufgehalten, hast ihn schnell wieder zurückgeschickt. Und du hast meinem Vater außerdem ein schönes Grußgeschenk geschickt. Doch als ich dir diesen Boten gesandt habe, hast du ihn sechs Jahre lang aufgehalten, und als Grußgeschenk – das einzige in sechs Jahren – hast du mir 30 Minen Gold geschickt, das wie Silber aussah!«

Dem Botschafter des Königs Tarchundaradu von Arzawa, Kalbaja, wurde am ägyptischen Hof ebenfalls nicht immer Vertrauen entgegengebracht, nicht einmal von seinem eigenen König. Dieser schrieb an Amenophis: »Mein Bote Kalbaja hat mir diese Worte überbracht: ›Lass uns eine Verbindung des Blutes schaffen.‹ In dieser Angelegenheit vertraue ich Kalbaja nicht. Er hat es zwar wirklich als dein Wort überbracht, aber auf den Täfelchen war davon keine Rede. Wenn Du wirklich meine Tochter zur Frau haben willst, warum sollte ich sie dir nicht geben? Ich gebe sie dir! Sorge also bitte dafür, dass Kalbaja umgehend zurückkehrt, und schreib mir in dieser Sache bitte auf einem Täfelchen zurück.«

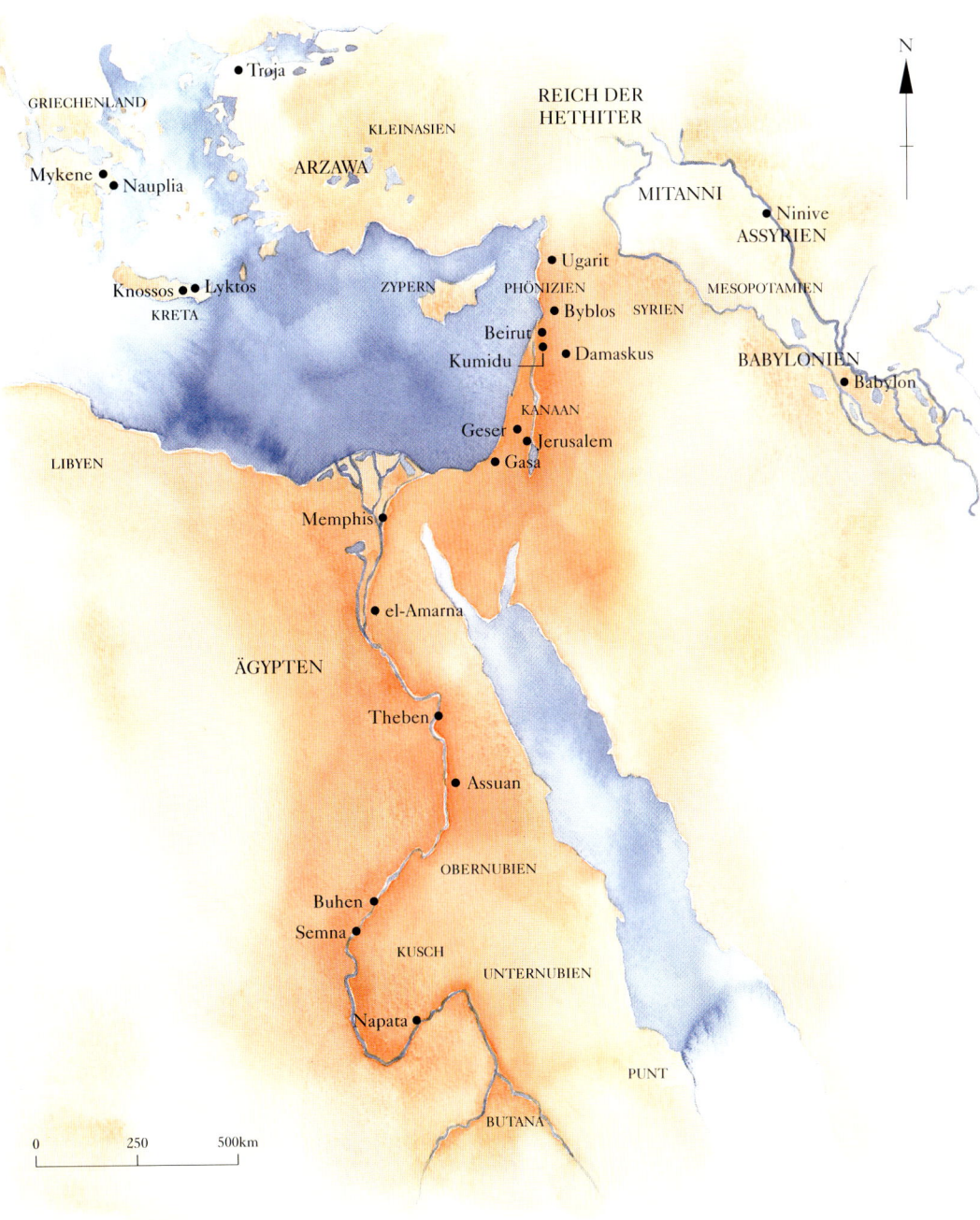

N

GRIECHENLAND

• Troja

KLEINASIEN

REICH DER
HETHITER

ARZAWA

Mykene • • Nauplia

MITANNI

• Ninive
ASSYRIEN

Knossos • • Lyktos

ZYPERN

PHÖNIZIEN

MESOPOTAMIEN

KRETA

• Ugarit

• Byblos     SYRIEN

Beirut •

Kumidu • • Damaskus

BABYLONIEN

• Babylon

LIBYEN

KANAAN

Geser •
• Jerusalem
• Gasa

Memphis •

• el-Amarna

ÄGYPTEN

Theben •

• Assuan

OBERNUBIEN

Buhen •

Semna •

KUSCH

UNTERNUBIEN

Napata •

PUNT

BUTANA

0    250    500km

Diese Karte des östlichen Mittelmeerraums und Vorderasiens
gibt die Ausdehnung des ägyptischen Reichs unter Amenophis III. wieder; sie zeigt auch jene Reiche, mit denen Amenophis III. in Verbindung stand. Die Sendboten mussten oft weite
Strecken überwinden; mehrere Wochen lang durchquerten sie
mitunter unsichere Regionen.

# DIE LEBENDE SONNE

## 34. UND 35. JAHR (UM 1358–1357 V. CHR.)

Im Jahr 1358 v. Chr. feierte Amenophis sein zweites Sedfest, prachtvoll gekleidet und geschmückt mit der roten und weißen Doppelkrone, dem Symbol der Herrschaft über das vereinigte Ägypten. Seit seinem ersten Sedfest, mit dem er vier Jahre zuvor den 30. Jahrestag seiner Krönung begangen hatte, trug der König immer mehr Goldschmuck, mit dem er im gleißenden Licht Ägyptens zum Ebenbild der Sonne wurde – zu einem goldenen Herrscher, der goldene Strahlen aussandte. Während des Festes ernannte Amenophis seine zweite Tochter Isis anstelle seiner verstorbenen Mutter Mutemwia zur »Großen königlichen Gemahlin«. Nun trugen wieder drei Frauen diesen Titel.

Diese Königs-statuette befand sich im Grab Tutanchamuns in einem Miniatursarg, der zudem eine Locke vom Haar Königin Tejes enthielt. Nach Ansicht mancher Ägyptologen stellt sie Amenophis III. dar.

Beim aufwendig inszenierten Sedfest präsentierte sich der prächtige Kleider und kostbaren Schmuck tragende König als imposante Gestalt. Im Lauf der Jahre hatte Amenophis III. mit dem Stil seiner zeremoniellen Gewänder experimentiert und sein eng anliegendes, mit Fransen besetztes Jubiläumsgewand durch ein reich gefälteltes Tuch ersetzt. Überhaupt wurde die Kleidung des Königs immer extravaganter. Halsschmuck hatte er schon immer bei fast allen Gelegenheiten getragen; nun bedeckten der breite, mit Blüten besetzte Kragen und der perlengeschmückte Wesech-Halskragen seine ganze Schulter. Auch sein Brustschmuck wurde schwerer. Amenophis trug prunkvolle Pektorale, wie wir sie aus dem Grab seines Enkels Tutanchamun kennen. Manche dieser Schmuckstücke sind umgearbeitet, was darauf hinweist, dass sie früher einem anderen König gehörten. Gelegentlich trug Amenophis drei seiner dicken goldenen Schebiu-Halsbänder gleichzeitig, dazu goldene Armspangen und Armreife. Während der mit Schmuck beladene König die langatmigen Rituale des Sedfests über sich ergehen ließ, muss er dankbar für die Dienste von Männern wie Maiherpri und Amenmose gewesen sein, beides »Wedelträger zur Rechten des Königs«.

Im Jahr nach dem Sedfest wurde der riesige Kornspeicher in Karnak vollendet. Er barg den Teil der Getreideernte, der Amun-Re zustand. Dass die Ernte nun schon viele Jahre lang mehr als zufrieden stellend ausfiel, wurde der Wirkung von Amenophis' göttlichen Kräften zugeschrieben. Auf den farbigen Sandsteinreliefs, die die Lehmziegelmauern des Speichers schmückten, erscheint der König in einem reich verzierten Schurz. Er trägt einen goldenen Halskragen, ein doppeltes Schebiu-Halsband und sechs goldene Armreife. Auf seinem Kopf erhebt sich eine große Sonnenkrone. Auch die Perücke zeigt einen neuen Stil: Sie hat zwar die gewohnte runde Form, doch ihre Fransen fallen so herab, dass sie die Gesichtszüge des Königs betonen, deren runde, ebenmäßige Formen jugendliche Kraft ausstrahlen.

Im Tempel von Soleb in Obernubien wurde Amenophis III. an der Seite von Amun-Re als »Neb-maat-Ra, Herr Nubiens« verehrt. Als solcher gebot er auch über die Kräfte des Mondgottes. Auf den Sandsteinreliefs des Tempels sind die Riten beim Sedfest dargestellt, bei denen Amenophis zum Sonnengott wurde, geschmückt mit den Hörnern des Amun-Re und einer Krone mit Sonnen- und Mondscheibe.

## DER SCHREIBER, DER ZUM GOTT WURDE

Um das Jahr 1358 v. Chr. verlor der König seinen engsten Vertrauten Amenophis, Sohn des Hapu, der vom Tempelschreiber zum mächtigsten Beamten Ägyptens aufgestiegen war (siehe Seite 98–99). Nach seinem Tod wurde er als Gott verehrt.

Von einer Statue des Schreibers im Tempel von Karnak wissen wir, dass er ein für seine Zeit erstaunliches Alter erreicht hatte und auf ein noch längeres Leben hoffte: »Ich habe das Alter von 80 Jahren erreicht, werde vom König hoch gepriesen und werde 110 Jahre vollenden.« Es folgt der Wunsch des Beamten, »in den Himmel aufzusteigen und mit den Sternen vereint zu sein, freudig begrüßt im Boot des Sonnengottes«. In den Hügeln von Theben wurde Amenophis, Sohn des Hapu, mit großem Pomp in einem Felsgrab bestattet. Der König stiftete seinem Schreiber sogar einen Totentempel in der Nähe seines eigenen, eine Ehre, die sonst nur einem Monarchen zukam.

Der Kult für Amenophis, Sohn des Hapu, wurde gestiftet und geschützt durch einen königlichen Erlass. Die Maßnahme verfehlte ihre Wirkung nicht: Der Kult für Amenophis, Sohn des Hapu, bestand noch viele hundert Jahre, während der Kult des Königs, dem er treu gedient hatte, längst Geschichte war.

**Altersporträt von Amenophis, Sohn des Hapu. Schwarze Granitskulptur aus dem Tempel von Karnak.**

# EINE GÖTTIN KOMMT
# NACH THEBEN

## 36. JAHR (UM 1356 V. CHR.)

Um 1356 v. Chr. sandte der mitannische König Tuschratta eine Statue der Ischtar, der babylonischen Göttin der Liebe und Fruchtbarkeit, nach Ägypten. Sie war ein Geschenk zur Hochzeit seiner Tochter Taduchepa mit Amenophis, dem Tuschratta schrieb: »Ich habe meine Tochter meinem Bruder, den ich liebe, zur Gattin gegeben. Mögen die Götter sie zum Inbegriff all dessen machen, was mein Bruder begehrt. Möge mein Bruder an jenem Tag frohlocken. Möge Ischtar meinem Bruder großen Segen schenken und die höchste Freude.«

Die Statue der Ischtar, in Mitanni Sauska genannt, sollte vermutlich das Bündnis zwischen Ägypten und Mitanni segnen. Mehr als 20 Jahre vorher hatte schon Tuschrattas Vater Sutarna II. eine Ischtar-Statue nach Ägypten gesandt, um seine Tochter Giluchepa und die 317 Frauen ihres Gefolges zu begleiten (siehe Seite 62). Nun schrieb Tuschratta: »So spricht Ischtar von Ninive, Herrin jedes Landes: ›Es ist mein Wunsch, nach Ägypten zu gehen, das ich liebe, um dann zurückzukehren.‹ So sende ich sie nun, sie ist schon auf dem Weg. Auch zur Zeit meines Vaters ging Ischtar in dein Land, und so, wie sie früher dort lebte und geehrt wurde, so möge mein Bruder sie jetzt zehnmal mehr ehren als früher. Möge mein Bruder sie ehren und sie dann, wenn es ihm gefällt, wieder gehen lassen, auf dass sie zu uns zurückkehre. Möge Ischtar, die Herrin des Himmels, uns schützen, meinen Bruder und mich, 100 000 Jahre lang, und möge unsere Herrin uns beiden große Freude schenken. Und lass uns Freunde bleiben.«

Als die Statue von Ischtar in ihrem goldenen Schrein nach Süden reiste, wurde sie sicher von Tuschrattas engstem Vertrauten, dem Kanzler Kelija, und einem großen Gefolge begleitet. Unter dem Jubel der Menge erreichte sie Theben. Die Atmosphäre muss ähnlich gewesen sein wie beim Fest der Hathor,

bei dem die Statue der ägyptischen Göttin aus dem
Tempel ins Tageslicht getragen und dem Volk gezeigt wurde, um eine gute Ernte zu feiern. Eine
festliche Stimmung herrschte auch, wenn die Statue der Hathor jedes Jahr einmal aus ihrem Tempel
in Dendera zum Tempel ihres Gemahls Horus in
Edfu gebracht wurde, um zwei Wochen in dessen
heiliger Gesellschaft zu verbringen.

Begleitet von einem großen Gefolge aus Pries-
tern und Priesterinnen, Musikanten und Tänzerin-
nen dürfte die Statue der Ischtar rituell mit der von
Amun-Re vereint worden sein, um die königliche
Hochzeit zu segnen. Ischtars Kräfte als Göttin der
Sexualität und Fruchtbarkeit sollten auf Tadu-
chepa übergehen, damit sie das Verlangen ihres
Bräutigams Amenophis stillen und göttlichen
Segen über dessen Palast, Volk und Reich bringen
konnte.

Neben ihrer Funktion als Göttin der Liebe besaß
Ischtar auch einen kriegerischen Aspekt. Als »Herrin der Schlachten« verfügte
sie über große aggressive Kräfte und ritt, mit Schild und Speer oder auch mit
Pfeilen und Bogen bewaffnet, neben dem König in die Schlacht. In dieser Form
wird Ischtar von einer Löwin begleitet, was deutlich an Hathor erinnert, deren
gütige Schönheit sich jederzeit in die rachgierige Kraft der Löwengöttin
Sechmet verwandeln konnte.

Die Göttin
Ischtar, auf dem
Rücken einer
Löwin stehend.
Babylonisches
Relief aus dem
8. Jh. v. Chr.

Ischtar war das Gegenstück zu der syrischen Göttin Astarte, die zur Zeit des
Neuen Reichs bereits in der kosmopolitischen Götterwelt Ägyptens aufgegan-
gen war. Als kriegerische Tochter des Sonnengottes Re beschützte sie die Streit-
wagenlenker. Die Inschrift auf der Stele, die Amenophis II. vor dem Sphinx von
Gisa aufstellen ließ, besagt, schon als junger Prinz habe der Großvater von
Amenophis III. die Göttin mit seinen Fähigkeiten als Wagenlenker beeindruckt:
»Astarte war voll Freude über ihn.« Ischtars sexuelle Kräfte wurden von der syrischen Göttin Qedeschet verkörpert, die auf Darstellungen nackt auf dem
Rücken eines Löwen steht. Bei ihrem Kult vollzogen die Gläubigen ekstatisch
den Ritus der heiligen Vermählung der Göttin mit ihrem männlichen Gegen-
part, dem Gott Reschef.

# AMENOPHIS
# DER PRÄCHTIGE

## 37. JAHR (UM 1355 V. CHR.)

Während Amenophis mit seiner jungen mitannischen Gemahlin Taduchepa ein neues Eheglück genoss, sonnte Ägypten sich im Glanz seines Pharaos. Die Zeit des Friedens und des Wohlstands, schien es, würde ewig währen. Der riesige königliche Palast von Malkata wurde noch einmal erweitert, offenbar, um Taduchepas Gefolge aus 270 Frauen und 30 Männern Platz zu bieten, das zu einem Teil des ständig wachsenden Harims aus Frauen und Kindern wurde. Im 37. Jahr seiner Regierung entschloss sich der Gottkönig, seine Kräfte bei einem dritten Sedfest zu erneuern, nur drei Jahre nach dem vorangegangenen.

Dieser kleine Stuckkopf aus Karnak stellt Amenophis III. mit der blauen Krone dar. Der König hat die nahezu kindlichen Gesichtszüge, die seine Porträts im letzten Jahrzehnt seiner Regierung mit ihren drei Sedfesten auszeichnen.

Über die Riten beim dritten Sedfest wissen wir durch die Szenen im Grab des Cheruef in Theben Bescheid. Geschmückt mit goldenen Halsbändern, Kragen, Armspangen und Armreifen, feiert der König darauf sein Fest in Schurz und Sandalen, auf dem Kopf die blaue Kriegskrone. Der an der Rückseite des Schurzes befestigte Stierschwanz symbolisiert Macht und Stärke. Amenophis zieht an einem Seil, um einen großen Djed-Pfeiler aufzurichten, der als symbolisches Rückgrat des Osiris ein Zeichen der Stabilität war.

Noch vor dem Sedfest hatte der Schatzhausvorsteher Sobekmose sein Amt an seinen Sohn Sobekhotep übergeben. Die erste Aufgabe des neu ernannten Beamten war es, eine Expedition auf den Sinai durchzuführen, um in den Minen von Serabit el-Khadim »Türkis zu holen, während Seine Majestät sich darauf vorbereitete, zum dritten Mal das Sedfest zu feiern«. An seine Reise nach Serabit erinnerte Sobekhotep, indem er im dortigen Tempel der Hathor, der »Herrin des Türkis«, zwei große Stelen errichten ließ.

Eine andere Inschrift auf dem Sinai bezieht sich auf den wichtigen Handel mit Harzen. Sie beschreibt, wie eine Delegation zur Küste gesandt wurde, »um die Wunder von Punt zu verkünden und das aromatische Harz zu empfangen, das die Häuptlinge als Tribut von Ländern brachten, die keiner kannte«. Schon seit frühester Zeit importierten die Ägypter Weihrauch, Myrrhe und Mastix aus dem im Bereich des heutigen Somalia liegenden Land Punt. In Tempeln und Gräbern wurden große Mengen dieser Harze zu rituellen Zwecken verwendet. Weihrauch, wie man ihn im Grab von Tutanchamun gefunden hat, wurde bei der Mumifizierung ebenso verwendet wie als Rauchopfer bei der Bestattungszeremonie.

Auch bei der Parfümherstellung wurden aromatische Harze verarbeitet. Gemischt mit Moringaöl, ergaben sie ein süß riechendes Kosmetikum, mit dem die männlichen Stadtbewohner des Neuen Reiches ihre Haare pflegten. Drei mit hieratischen Zeichen beschriebene Holztäfelchen aus dem Grab von Amenophis III. beziehen sich auf das Moringaöl, das speziell für das dritte Sedfest hergestellt wurde. Ein weiteres, aus einer Nebenkammer stammendes Täfelchen lässt erkennen, dass man im 37. Regierungsjahr des Königs schon die Grabbeigaben für seine zukünftige Bestattung zusammenstellte.

Ein Pektoral in der Gestalt eines Skarabäus, eingelegt mit Lapislazuli, Karneol, grünem Feldspat und Türkis aus den Minen des Sinai. Das Schmuckstück stammt aus dem prächtigen Grab von Amenophis' Enkel Tutanchamun im Tal der Könige.

# ATON IST TOT,
# LANG LEBE ATON!

## 38. JAHR (UM 1354 V. CHR.)

Im siebten Monat seines 38. Jahres als König, nach heutiger Rechnung wohl im Januar 1354 v. Chr., starb Amenophis III. Als Todesursache kann einfach sein Alter vermutet werden: Zu einer Zeit, als die Lebenserwartung in Ägypten etwa 35 Jahre betrug, war er fast 50 Jahre alt geworden. Während sein Volk mit der traditionellen siebzigtägigen Trauerzeit begann, wurde der Leichnam des Königs in feierlicher Prozession aus dem Palast von Malkata zu seinem imposanten Totentempel in Kom el-Hetan (siehe Seite 142–143) gebracht.

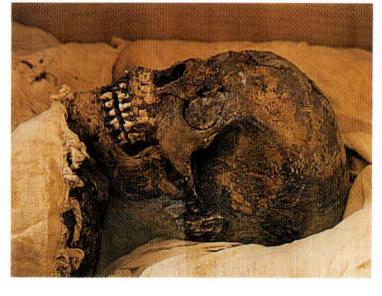

Die von Grabräubern beschädigte Mumie von Amenophis III. wurde in der 21. Dynastie neu in Binden gewickelt und dann im Grab seines Großvaters, Amenophis II., wieder bestattet.

Im Tempel wurde der Leichnam von Amenophis gewaschen und gereinigt, bevor man ihn in das von Myrrheduft erfüllte »Haus der Schönheit« brachte. Hier machten sich Einbalsamierer wie Thutmosis (genannt Parai), laut seiner Grabinschriften ein »Hüter des Geheimnisses des Kastens des Anubis«, an das hochkomplizierte Ritual der Mumifizierung. Nach der Entfernung der inneren Organe wurde dem Körper unter Bergen von Natronsalz alles Wasser entzogen; dann wurde er erneut gewaschen, reichlich mit parfümierten Ölen gesalbt und mit Schmuck aus Gold und edlen Steinen verschönert. Finger und Zehen wurden mit Goldkappen geschützt, um die Nägel zu fixieren. Während Totensprüche rezitiert wurden, wickelte man den Körper in große Mengen reinen Leinens. Zwischen die einzelnen Lagen kamen goldene Schutzamulette. Der Kopf wurde mit einer goldenen Totenmaske bedeckt, noch einmal gesalbt, mit Blumen bedeckt und einem mit Blumen besetzten Kragen geschmückt. Die so präparierte Mumie legte man schließlich in ihren Satz aus goldenen Särgen, der bis zur Bestattung in einem goldenen Schrein ruhte.

An einem Morgen im März versammelten sich die Wesire und andere hochrangige Beamte, die einfache weiße Gewänder und Stirnbänder trugen, um den König zu seiner letzten Ruhestätte zu geleiten. In Anwesenheit des Thronerben Prinz Amenophis und der Großen königlichen Gemahlinnen Teje, Sitamun und Isis verließ die Prozession den Tempel. Alle Beamten und Diener des Königs trugen Grabbeigaben. Vorbei an den kleineren Tempeln der Vorgänger von Amenophis wand sich der Zug in die Stille des Westtals. Hier wartete das prächtige Grab des Königs, gefüllt mit dem Inhalt des nahen Lagers, darunter ein Streitwagen, eine Ausrüstung fürs Bogenschießen, Holzschreine, Götterstatuen, Essen und Wein, Salben und Parfüme, Bootsmodelle, Sandalen und Fächer.

Kopf eines Uschebtis aus Alabaster, das im Grab von Amenophis III. im Westtal entdeckt wurde. Der König trägt das Nemes-Kopftuch mit der Uräusschlange.

Am Grab wurden unter Wolken aus reinigendem Weihrauch die Bestattungsriten vollzogen. Um alle Sinne des toten Königs wieder zu erwecken, wurden Mund, Augen, Ohren und Nase mit rituellen Instrumenten symbolisch geöffnet. Beim Darbringen reicher Opfergaben rezitierte man den alten Spruch: »Tausend Gefäße mit Parfüm, Räucherwerk, Salben und jederlei Kräutern, ja allen Arten von Opfergaben, von denen die Götter leben«. Dann rief man dem König zu: »Lebe von neuem! Du bist wieder jung geworden! Du bist wieder jung, auf immer und ewig!« Sobald die Seele des Königs wieder erweckt war, brachte man die Mumie in die tief im Innersten des Grabes gelegene Grabkammer, wo sie in einen massiven Sarkophag aus rotem Granit gelegt wurde.

Nach dem Abschluss der Bestattungsriten trat der älteste lebende Sohn des Pharaos dessen Nachfolge an. Benannt nach seinem Vater, bestieg Amenophis IV., der später den Namen Echnaton annahm, den Thron von Ober- und Unterägypten. Alle hofften, unter ihm werde das goldene Zeitalter seines Vaters fortdauern; mit angehaltenem Atem beobachteten die Herrscher der fremden Mächte, wie das mächtigste Land der Epoche die Übergangzeit bewältigte. Tuschratta von Mitanni war voll Trauer, als er vom Tod seines Schwagers und Schwiegersohnes erfuhr: »Am Tag, an dem ich hörte, dass meinen Bruder Nibmuareja sein Schicksal ereilt hatte, setzte ich mich nieder und weinte. An jenem Tag nahm ich keine Nahrung zu mir, ich trank kein Wasser.« Und er hoffte, die besondere Beziehung der beiden Länder möge Bestand haben: »Als man mir sagte, Naphureja, der älteste Sohn von Nibmuareja und seiner Hauptgemahlin Teje, sei an dessen statt König geworden, sagte ich: ›Mein Bruder Nibmuareja ist nicht tot! Sein ältester Sohn Naphureja hat seinen Platz eingenommen, und nichts wird je anders sein als bisher.‹«

Die Hoffnungen Tuschrattas erfüllten sich nicht, denn Amenophis IV. war nur ein blasses Abbild seines glanzvollen Vaters, dem er nachzueifern versuchte. Königin Teje, die Amenophis III. um mindestens acht Jahre überlebte, versuchte, ihren Sohn anzuleiten. Sie übernahm die diplomatische Korrespondenz und bat den König von Mitanni, in Erinnerung an die Liebe, die dieser ihrem Gemahl entgegengebracht hatte, ihrem Sohn nun noch mehr Liebe zu schenken. Tuschratta wiederum drängte den jungen König in einem Brief, Teje in politischen Angelegenheiten um Rat zu fragen, da sie die Einzige sei, die über

## DER KULT DES SONNENKÖNIGS

Unter Amenophis III. erhielt der Sonnenkult eine immer größere Bedeutung. Re, die höchste Sonnengottheit vergangener Zeiten, war in Verbindung mit Amun zu Amun-Re geworden. Bezüge zur Sonne hatte auch der Schöpfergott Atum; Chepri und Horus waren die Götter der aufgehenden Sonne und der Sonnenscheibe Aton. Als eigenständige Gottheit erhielt Aton in der alten Sonnenstadt Heliopolis erstmals seinen eigenen Tempel. Zahllose Inschriften aus der Zeit von Amenophis III. erwähnen diesen »neuen« Gott. Sich selbst bezeichnete der König gern mit dem Beinamen Aten-Tjehen, »strahlender Aton«.

Schon Amenophis II. und sein Sohn Thutmosis IV. hatten damit begonnen, den Sonnenkult zu erneuern, der tausend Jahre zuvor unter den Erbauern der Pyramiden, den Königen des Alten Reiches, bestanden hatte. Die Taktik von Thutmosis, sich der

wachsenden Macht der Priesterschaft des Amun zu entziehen, führte Amenophis III. verstärkt weiter. Während er den Amun-Kult geschickt zum eigenen Nutzen manipulierte, förderte er zuleich den Sonnengott Re in Form des Aton.

Nach dem Glauben seiner Zeit erhob der Pharao sich nach dem Tod in den Himmel, um dort mit Aton zu verschmelzen. Im Falle von Amenophis III. scheint der König darüber hinausgegangen zu sein: Er wurde nun selbst zu Aton.

Amenophis III. und Königin Teje sitzen vor reichen Opfergaben. Farbiges Relief auf einer Kalksteinstele im typischen Amarna-Stil.

die von Amenophis III. verfolgte Politik wirklich Bescheid wisse. Doch Amenophis IV. hörte nicht auf diesen Rat. Er beleidigte Tuschratta, indem er statt der Statuen aus massivem Gold, die sein Vater Mitanni kurz vor seinem Tod versprochen hatte, lediglich vergoldete Skulpturen schickte. Die Hauptstadt verlegte er weit nach Norden in die tiefste Provinz Mittelägyptens, wo er sich eine völlig neue, kurzlebige Residenzstadt mit dem Namen Achetaton (»Horizont des Aton«; heute Tell el-Amarna) erbauen ließ.

Die Regierungszeit von Amenophis III. war eine einzigartige Epoche. Der König wurde zu einem Vorbild, an dem sich alle späteren Pharaonen maßen. Auf Herrschertafeln wird sein Name hervorgehoben; auf den Darstellungen in den Gräbern der Ramessiden erscheint er als Objekt der Verehrung. Auch später blieb sein Ruf – wenn auch unter anderem Namen – erhalten: Eine der größten Attraktionen für die Besucher der Antike, darunter die römischen Kaiser Hadrian und Septimius Severus, waren die beiden »Memnonskolosse« des Königs (siehe Seite 142). Die Bewunderung der ersten europäischen Forscher beruhte auf der großen Qualität und Quantität der Kunstwerke, deren Inschrift den Namen von Amenophis III. aufwies, und die Bauten seiner Zeit standen im Mittelpunkt der großen französischen Forschungsexpedition des Jahres 1799.

Im späten 18. und frühen 19. Jahrhundert geriet der glanzvolle Name von Amenophis III. allerdings ins Zwielicht. Nachdem man in Amarna Darstellungen entdeckt hatte, die Amenophis und seine Familie im stark überzeichneten Stil der Zeit Echnatons porträtierten, tat man ihn kurzerhand als schwächlichen Herrscher ab, der sein Leben der Genusssucht und der Selbstverherrlichung gewidmet habe. Sogar für das Scheitern seines Sohnes machte man ihn verantwortlich. Echnaton wurde die Anerkennung für eine religiöse und künstlerische Revolution zuteil, die sein Vater schon Jahre zuvor eingeleitet hatte. Inzwischen sieht es so aus, als würde man Amenophis III. wieder den Rang zugestehen, der ihm als einem der bedeutendsten Herrscher der gesamten Pharaonenzeit gebührt. In Ägypten ist die Erinnerung an Amenophis noch heute lebendig, besonders unter den Bewohnern von Qurna, die zwischen den prächtigen Gräbern seiner Beamten leben. In den Liedern der Schulkinder taucht sein Name auf. Und doch wissen wohl nur wenige der jungen ägyptischen Paare, die zu den Füßen der Memnonskolosse ihr Hochzeitsfoto machen lassen, dass sie an der Schwelle eines Ortes stehen, an dem sich einst der prachtvollste Tempel Ägyptens erhob, erbaut unter einem der größten Pharaonen aller Dynastien – Amenophis, dem Herrscher von Theben.

Der Schreiber Nebked bringt Osiris, dem Gott des Totenreiches, Opfer dar. Ausschnitt aus einem Papyrus.

# PERSONENVERZEICHNIS

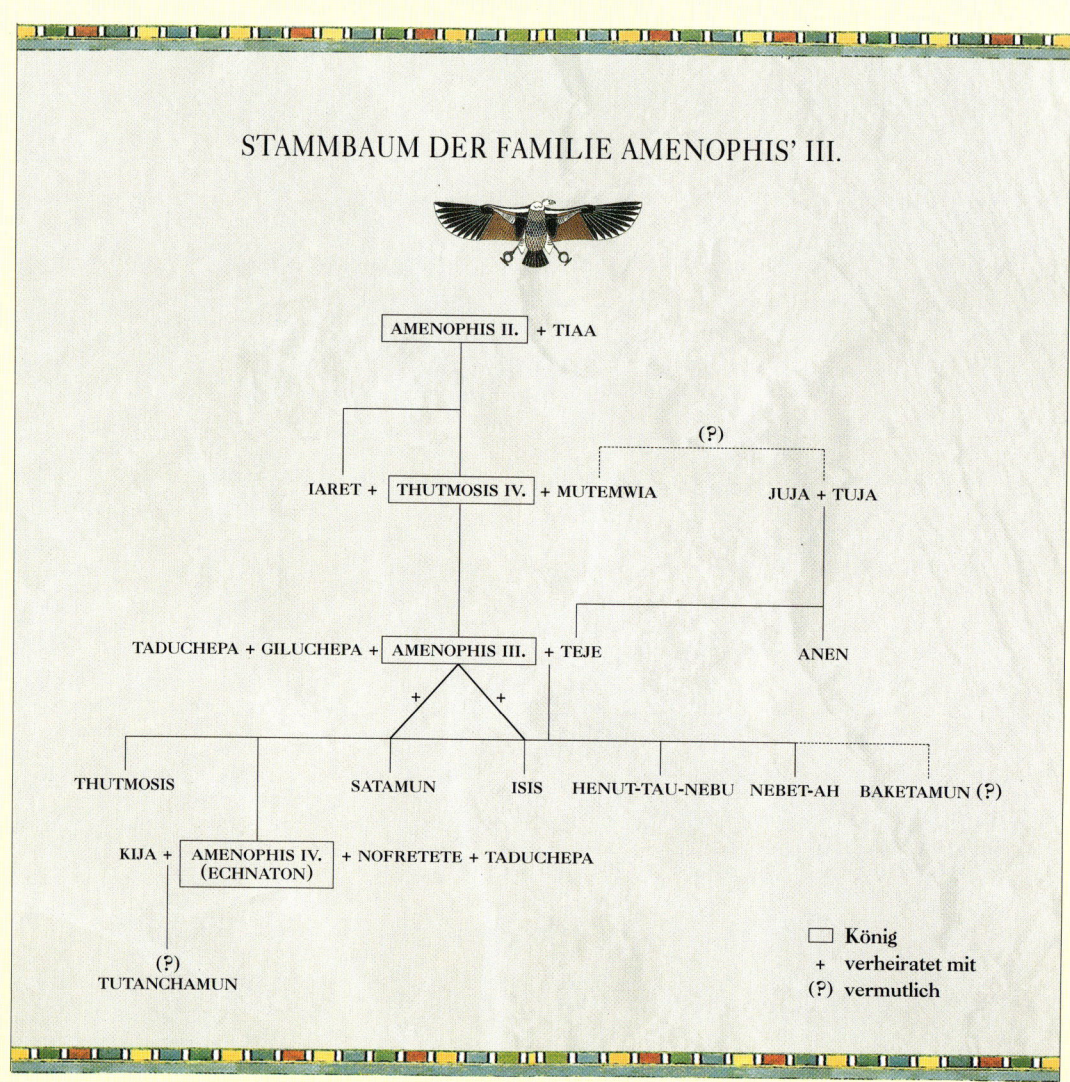

## STAMMBAUM DER FAMILIE AMENOPHIS' III.

AMENOPHIS II. + TIAA

(?)

IARET + THUTMOSIS IV. + MUTEMWIA          JUJA + TUJA

TADUCHEPA + GILUCHEPA + AMENOPHIS III. + TEJE          ANEN

\+          \+

THUTMOSIS          SATAMUN     ISIS     HENUT-TAU-NEBU     NEBET-AH     BAKETAMUN (?)

KIJA +     AMENOPHIS IV.     + NOFRETETE + TADUCHEPA
           (ECHNATON)

(?)
TUTANCHAMUN

☐   König
\+   verheiratet mit
(?)  vermutlich

---

**KÖNIG AMENOPHIS III.**
**Geburtsname:** Imen-hetep, mer-chepesch (»Amun ist zufrieden, der die Kraft liebt«), Heka Waset (»Herrscher von Theben«).
**Thronname** Neb-maat-Ra (»Der Herr der Wahrheit ist Re«).
**Horusname:** Ka-nacht, cha-em-maat (»Starker Stier, der in Wahrheit erschienen ist«).
**Nebtiname:** Semen-hepu, sege-rech-taui (»Der die Gesetze dauern lässt und die Beiden Länder befriedet«)
**Goldhorusname:** Aa-Chepesch, hu-Setiu (»Groß an Kraft, der die Asiaten schlägt«).

**Aa-cheperu- ra,** möglicherweise Bruder von Amenophis III.
**Amenemhet,** Bruder von Amenophis III.
**Amenemipet,** Schwester von Amenophis III.
**Amenophis II.,** Großvater von Amenophis III., Vater von Thutmosis IV.

# BIBLIOGRAPHIE

Aldred, Cyril, *Echnaton. Gott und Pharao Ägyptens*. Bergisch Gladbach, Lübbe Verlag, 1968.

Arnold, Dieter, *Lexikon der ägyptischen Baukunst*. München, Artemis & Winkler, [2]1997.

Assmann, Jan, *Monotheismus und Kosmotheismus. Ägyptische Formen eines »Denkens des Einen« und ihre europäische Rezeptionsgeschichte*. Heidelberg, Carl Winter Verlag, 1993.

Assmann, Jan, *Ägypten. Eine Sinngeschichte*. München, Carl Hanser Verlag, 1996.

Brunner-Traut, Emma, *Alltag unter Pharaonen. So lebten die alten Ägypter*. Freiburg, Herder Verlag, 1998.

Brunner-Traut, Emma, *Kleine Ägyptenkunde. Von den Pharaonen bis heute*. Stuttgart, Kohlhammer Verlag, [3]1993.

Fletcher, Joann, *Die Lebenswelt der alten Ägypter. Alltag, Kunst und Mythen*. Augsburg, Bechtermünz Verlag, 1999.

Goedicke, Hans, *Problems concerning Amenophis III*. Baltimore, Halgo, 1992.

Gottschalk, Gisela, *Die großen Pharaonen*. Bern/München, Scherz Verlag, 1979.

Hart, George, *Ägyptische Mythen*. Stuttgart, Reclam Verlag, 1996.

Hornung, Erik, *Echnaton. Die Religion des Lichtes*. München, Artemis & Winkler, 1995.

Hornung, Erik, *Einführung in die Ägyptologie*. Darmstadt, Primus Verlag, [4]1993

Helck, Wolfgang, *Die Beziehung Ägyptens und Vorderasiens zur Ägäis bis ins 7. Jahrhundert v. Chr.* Darmstadt, Darmstädter Wissenschaftliche Buchgemeinschaft, 1995.

Helck, Wolfgang, und Otto, Eberhard, *Kleines Lexikon der Ägyptologie*. Wiesbaden, Harrassowitz Verlag, [4]1999

Kozloff, Arielle, und Bryan, Betsie, *Egypt's Dazzling Sun: Amenhotep III and his World*. Cleveland, Cleveland Museum of Art, 1992.

Quirke, Stephen, *Altägyptische Religion*. Stuttgart, Reclam Verlag, 1996

Reeves, Nicholas, und Wilkinson, Richard. *Das Tal der Könige. Geheimnisvolles Totenreich der Pharaonen*. Düsseldorf, Econ Verlag, 1967.

Romer, John, *Sie schufen die Königsgräber. Die Geschichte einer ägyptischen Arbeitersiedlung*. München, Nymphenburger Verlag, 1986.

Sharkawy, Ali el-, *Der Amun-Tempel von Karnak*. Berlin, Köster Verlag, 1997.

Schlögl, Hermann, *Amenophis IV. Echnaton*. Reinbek, Rowohlt Taschenbuchverlag, 1986.

Schlögl, Hermann, *Echnaton – Tutanchamun. Daten, Fakten, Literatur*. Wiesbaden, Harrassowitz Verlag, 1993.

Vogelsang-Eastwood, Gillian, *Tutankhamun: Textiles and Clothing in the Egyptian Museum, Cairo*. Rotterdam, Waalwijk van Doorn & Co's Uitgeversmaatschappij, 1997.

Wildung, Dietrich, *Ägypten. Taschens Weltarchitektur*. Köln, Taschen Verlag, 1997.

Wildung, Dietrich, und Schoske, Sylvia, *Gott und Götter im alten Ägypten*. Mainz, Philipp von Zabern Verlag, 1992.

# GLOSSAR

**Altes Reich** Die erste große Epoche des ägyptischen Reichs (um 2625–2130 v. Chr.); es umfasst die 3. bis 6. Dynastie.

**Amarna-Zeit** Bezeichnung für die Regierungszeit von Amenophis' III. Sohn Echnaton, der die Königsresidenz von Theben nach Amarna verlegte.

**Anch** Hyroglyphe mit der Bedeutung »Leben«.

**Atefkrone** Weiße, mit Straußenfedern dekorierte Krone, die der Pharao bei bestimmten Feierlichkeiten trug.

**Aton** Die Sonnenscheibe, die als Gott verehrt wurde.

**Barke** Kleines Boot, auf dem der Schrein mit der Kultstatue platziert wurde.

**Fayence** Keramisches Erzeugnis, das meist mit einer grünblauen Glasur überzogen ist.

**Harim** Bezeichnung für die Gemächer, die den Frauen und Kindern vorbehalten sind.

**Ka** Lebenskraft, ein Aspekt des Menschen und der Götter neben Ba (Seele) und Leib.

**Kanopenkrüge** Ton- oder Steingefäße, oft mit dem Verschluss in der Gestalt der Köpfe der vier Horussöhne, in denen bestimmte innere Organe des Toten aufbewahrt wurden.

**Kartusche** Der in einen oval geformten Ring geschriebene Name des Königs.

**Katarakt** Bezeichnung für die Stromschnellen des Nil in Nubien.

**Mittleres Reich** Die zweite große Epoche des ägyptischen Reichs (um 2040–1640 v. Chr.); es umfasst die 11. bis 13. Dynastie.

**Natron** Konservierungsstoff bei der Einbalsamierung von Verstorbenen verwendet.

**Neues Reich** Die dritte und bedeutendste Epoche des ägyptischen Reichs (um 1539–1075 v. Chr.); es umfasst die 18. bis 20. Dynastie.

**Opetfest** Fest, bei dem in einer Prozession die Statuen der Götter des Tempels von Karnak zum Tempel von Luxor transportiert wurden und die Macht des Königs erneuert wurde.

**Pharao** Bezeichnung für den König von Ägypten; ein griechischer Begriff, der sich von dem ägyptischen *per-aa* (»Großes Haus«) herleitet. Hiermit wurde zunächst der Königspalast bezeichnet, ab dem Neuen Reich auch der Herrscher selbst.

**Pylon** Das monumentale Eingangstor eines ägyptischen Tempels.

**Schebiu-Halsband** Ehrengold, mit dem der Beamte vom König belohnt wurde.

**Sedfest (auch *heb-sed*)** Das Jubiläumsfest des Königs, zugleich ein Ritual der Machterneuerung; dieses Jubiläum wurde in der Regel im dreißigsten Regierungsjahr eines Königs begangen. Für Amenophis III. wurden im letzten Jahrzehnt seiner Herrschaft drei Sedfeste ausgerichtet.

**Sem-Priester** Ein Priester, der insbesondere bei den Totenfeierlichkeiten eines Königs eine herausragende Rolle spielt; oft bekleidet der älteste Sohn des Königs dieses Priesteramt.

**Stele** Tafel aus Stein oder Holz, die mit Inschriften und Bildern versehen ist.

**Tal der Könige** Die Nekropole der Könige des Neuen Reichs in dem Gebirgszug westlich von Theben.

**Tal der Königinnen** Die Nekropole einiger königlicher Gemahlinnen des Neuen Reichs; südlich des Tals der Könige gelegen. Hier wurden auch einige Söhne der Könige bestattet.

**Totenbuch** Spruchsammlung, die ab dem Neuen Reich dem Verstorbenen mit ins Grab gegeben wurde.

**Udjat-Auge** Auge des Gottes Horus; schutzbringende Abbildung, u.a. als Amulett.

**Uräus** Bezeichnung für die heilige Schlange, oder Kobra; ein Herrschaftszeichen, das der König als Diadem trug.

**Uschebti** Dienerfiguren; kleine Statuetten, die zur Grabausstattung gehörten. Sie hatten die Aufgabe, für den Verstorbenen im Jenseits zu arbeiten.

**Wab-Priester** Priester, der die niederen Arbeiten im Tempel verrichtete.

**Westtal** Ein größeres Seitental des Tals der Könige. In diesem Tal befindet sich u. a. das Grab von Amenophis III.

# REGISTER

# BILDNACHWEIS

*Der Verlag dankt den hier aufgeführten Fotografen und Institutionen für die Erteilung der Abdruckrechte für die folgenden Fotografien:*

## ABKÜRZUNGEN

| | |
|---|---|
| **AKG**: | AKG London |
| **ÄM**: | Ägyptisches Museum, Staatliche Museen Preußischer Kulturbesitz, Berlin |
| **BAL**: | Bridgeman Art Library, London |
| **BM**: | British Museum, London |
| **EM**: | Ägyptisches Museum, Kairo |
| **ET**: | ET archive, London |
| **JL**: | Jürgen Liepe Photo Archiv, Berlin |
| **ML**: | Musée du Louvre, Paris |
| **RHPL**: | Robert Harding Picture Library |
| **RMN**: | Réunion des Musées Nationaux, Paris |
| **WFA**: | Werner Forman Archive, London |

**Umschlagfoto:** Archiv für Kunst und Geschichte, Berlin; **2** Tony Stone Images/John Lawrence; **3** BM (EA 30448); **6** WFA/Luxor Museum of Ancient Egyptian Art; **8–9** BAL/ Giraudon/ML; **10** Victoria & Albert Museum, London; **11** RHPL/Walter Rawlings/EM; **12** Peter Clayton; **14** Kunsthistorisches Museum, Wien (Inv AS 5814); **16** Joann Fletcher;

**17** Scala, Florenz/EM; **19** RHPL/Simon Harris; **21** ÄM/Margarete Büsing (Inv 21685); **23** Axiom/James Morris; **24** Joann Fletcher; **25** ET/BM; **26** BM (EA 15671); **27** Joann Fletcher/BM; **28** BAL/BM; **29** JL/EM (JE 4694); **30–31** BM (EA 30448); **32** Peter Clayton; **33** Scala, Florenz; **34** Kestner Museum, Hannover/Olaf M Tessmer (Inv 1935.200.112 R&V); **37** RHPL/FL Kenett; **38** Earl of Carnarvon, Highclere Castle; **39** AKG/BM; **43** BAL/ML; **45** Joachim Willeitner; **46** ET/EM; **47** Scala, Florenz/Museo Civico, Bologna; **48–49** Joachim Willeitner; **50** Museo Egizio, Turin (5484); **51** Joachim Willeitner; **52** JL/EM (CG 48406); **53** BAL/ML; **54** George B Johnson; **55** WFA/ÄM; **56** RMN/ML/Hervé Lewandowski (N 1704); **57** Graham Harrison/Luxor Museum of Ancient Egyptian Art; **58** BM (EA 38); **59** BM (EA 20760); **60** EM; **62 oben links** BM (EA 64661); **62 oben rechts** BM (EA 64661); **63 oben** BM (EA2); **63 unten** ET/EM; **66–7** WFA/Dr E Strouhal; **68** JL/EM (JE 38257); **69** Musées Royaux d'art et d'histoire, Brüssel (Inv E 2157); **71** ET/EM; **72** RMN/ML/Hervé Lewandowski (E 4877); **73** WFA/ÄM; **75** BM (EA 37991); **77** JL/EM (JE 95248); **78** BM (EA 37983); **80** BAL/ Brooklyn Museum of Art, New York; **81 unten** RMN/ML/Lebée (N805); **83** Graham Harrison; **84** BM (EA 65615); **86–87 Mitte** AKG/Erich Lessing; **89** AKG/Erich Lessing; **90** Earl of Carnarvon, Highclere Castle; **91** AKG/

Museo Egizio, Turin/ Erich Lessing; **93** AKG/Erich Lessing; **94** ÄM/ Margarete Büsing (Inv 22620); **95** WFA; **96–97** BAL/BM; **99** JL/EM (JE 44861); **100** JL/EM (JE 33255); **103** Scala, Florenz; **104–5** WFA/Luxor Museum of Ancient Egyptian Art; **107** BAL/Giraudon; **108** Joann Fletcher; **109** ÄM/Peter Garbe (Inv 18526); **110** BM (EA 21979); **111** RMN/ML/M Chuzeville (N 394IA); **113** BM (EA 37977); **115** WFA; **118–9** Archivio Iconografico SA, Barcelona; **121** ÄM/JL (Inv 17021); **123** Axiom/James Morris; **124** WFA/ Luxor Museum of Ancient Egyptian Art; **125** R Meldrum; **127** AKG/Luxor Museum of Ancient Eyptian Art/Erich Lessing; **128** RMN/ML (E 3043); **129** Scala, Florenz/EM; **130** Scala, Florenz/EM; **132** BM; **134** Egyptian Culture Centre, Waseda University; **135** Egyptian Culture Centre, Waseda University; **137** ET/ML; **138** ÄM (Inv 2063); **140–141** AKG/Erich Lessing; **142** BM (EA 7); **143** Peter Clayton; **144** Joann Fletcher/NILE; **145** RMN/ ML/Chuzeville (E 3671); **146** RMN/ ML/Chuzeville (N 1359); **147** BAL/ ML/Peter Willi; **148 oben links** BAL/ML; **149b** BAL/BM; **150** BM (WA 29784); **151** AKG; **154** RHPL/FL Kenett; **155** JL/EM (JE 38368); **157** Michael Holford/ML; **158** EM; **159** BAL/ Giraudon/EM; **160** Peter Clayton/EM; **161** Earl of Carnarvon, Highclere Castle; **162** BM (EA 57399); **164–165** BAL/Giraudon/ML